PALAVRAS-CHAVE DE
JOÃO PAULO II

 *Luz do mundo*

- *Antônio: palavras de fogo, vida de luz* – Madeline Pecora Nugent
- *Camilo de Lellis: "Mais coração nas mãos!"* – Mario Spinelli
- *Charles de Foucauld: o irmãozinho de Jesus* – Jean-François Six
- *Francisco de Paula Victor: apóstolo da caridade* – Gaetano Passarelli
- *Irmã Dulce: o anjo bom da Bahia* – Gaetano Passarelli
- *Irmão Roger de Taizé: uma esperança viva* – Christian Feldmann
- *João Leão Dehon: o profeta do verbo ir* – Pe. Zezinho, scj
- *João Paulo II: um Papa que não morre* – Gian Franco Svidercoschi
- *Lindalva Justo de Oliveira: a bem-aventurada Filha da Caridade* – Gaetano Passarelli
- *Nhá Chica, perfume de rosa: vida de Francisca de Paula de Jesus* – Gaetano Passarelli
- *Palavras-chave de João Paulo II* – Renato Boccardo e Renzo Agasso
- *Paulo: apóstolo dos gentios* – Rinaldo Fabris
- *Rita de Cássia: a santa dos casos impossíveis* – Franco Cuomo
- *Santa Mônica: modelo de vida familiar* – Giovanni Falbo
- *Santo Agostinho: a aventura da graça e da caridade* – Giuliano Vigini
- *São Martinho de Lima* – Giuliana Cavallini
- *Teresa de Ávila: mística e andarilha de Deus* – Bernard Sesé
- *Teresa de Calcutá: uma mística entre o Oriente e o Ocidente* – Gloria Germani

Renato Boccardo
Renzo Agasso

PALAVRAS-CHAVE DE
JOÃO PAULO II

Dados Internacionais de Catalogação na Publicação (CIP)
(Câmara Brasileira do Livro, SP, Brasil)

Agasso, Renzo
    Palavras-chave de João Paulo II / Renato Boccardo, Renzo
Agasso. – São Paulo : Paulinas, 2014. – (Coleção luz do mundo)

    Título original: Il mio Giovanni Paolo II
    ISBN 978-85-356-3728-1

    1. João Paulo   II, Papa, 1920-2005   I. Agasso, Renzo.
II. Título.   III. Série.

14-01674   CDD-262.13092

Índice para catálogo sistemático:
1. João Paulo II, Papa : Biografia e obra   262.13092

Título original da obra: *Il Mio Giovanni Paolo II.*
© Paoline Editoriale Libri. Figlie di San Paolo. Via Francesco Albani, 21 -
20149 Milano - Italy

1ª edição – 2014

Direção-geral: *Bernadete Boff*
Editora responsável: *Maria Goretti de Oliveira*
Tradução: *Jaime A. Clasen*
Copidesque: *Ana Cecilia Mari*
Coordenação de revisão: *Marina Mendonça*
Revisão: *Sandra Sinzato*
Gerente de produção: *Felício Calegaro Neto*
Capa e diagramação: *Manuel Rebelato Miramontes*

Nenhuma parte desta obra poderá ser reproduzida ou transmitida
por qualquer forma e/ou quaisquer meios (eletrônico ou mecânico,
incluindo fotocópia e gravação) ou arquivada em qualquer sistema de
banco de dados sem permissão escrita da Editora. Direitos reservados.

Paulinas
Rua Dona Inácia Uchoa, 62
04110-020 — São Paulo — SP (Brasil)
Tel.: (11) 2125-3500
http://www.paulinas.org.br
editora@paulinas.com.br
Telemarketing e SAC: 0800-7010081
© Pia Sociedade Filhas de São Paulo — São Paulo, 2014

SUMÁRIO

Preâmbulo 7

Nota introdutória 9

1. Rocha 12

2. Oração 36

3. Operário 39

4. Peregrino 41

5. Cansaço 43

6. Amigos 51

7. Esperança 57

8. Jornada Mundial da Juventude – JMJ 61

9. Seguimento 77

10. Fogo 85

11. Multidões 91

12. Confiança 98

13. Misericórdia 106

14. Perdão 116

15. Polônia 118

16. Cúria 120

17. Humanidade 122

18. Fragilidade 124

19. Fim 125

20. Santo 128

As vinte Jornadas Mundiais da Juventude
de João Paulo II... 129

PREÂMBULO

Falar mais uma vez sobre João Paulo II... Os seus gestos, as suas palavras... todos temos alguma recordação dele. Ele nos acompanhou por quase 27 anos. Os grandes fatos do seu pontificado cruzaram-se, durante mais de um quarto de século, com os acontecimentos pequenos, simples, cotidianos da vida de milhões de pessoas no mundo. Nenhum Papa antes, e talvez nenhum sequer depois, entrou e entrará de tal maneira nas casas e na vida de tanta gente.

Quem não viu, pelo menos uma vez, o seu rosto, ao vivo, na TV, nos jornais? Quem nunca ouviu aquele "louvado seja Jesus Cristo" com o qual iniciava o seu discurso? Também nós aprendemos a recitar os *slogans* afetuosos dos jovens em diversas línguas: *"John Paul Two, we love you"*, *"Juan Pablo Segundo, te quiere todo el mundo"*.

Talvez nunca, como nos tempos de João Paulo II, se mostrou tão verdadeira e tão cumprida a palavra de Jesus de ir ao mundo todo pregar o Evangelho. Talvez nenhum mensageiro da Boa Notícia levasse tão ao pé da letra o mandato do seu Senhor de visitar praticamente todos os povos e países da terra. E todos aqueles que viram são testemunhas.

O que resta a dizer? De um homem assim se falará – e se escreverá – ainda muito tempo. Talvez sempre. Agora que é santo, de toda parte do mundo se erguem orações a ele para que interceda junto a Deus, para que peça milagres, para que seja companheiro nos dias escuros do desespero humano. O seu nome será ainda pronunciado em todas as línguas, até o fim dos tempos.

Portanto, ainda há o que dizer, também hoje, sobre João Paulo II. Nas páginas seguintes, quem fala sobre ele é Mons. Renato Boccardo, hoje arcebispo de Spoleto-Norcia, mas, durante certo tempo, colaborador de Karol Wojtyla, no Vaticano e em andanças pelo mundo, e organizador das últimas viagens do Papa nos lugares impenetráveis da terra e da alma.

Renzo Agasso

NOTA INTRODUTÓRIA

"Então, o que você diz ao Papa?"

Foi tão grande o privilégio de servir a João Paulo II, foi tão grande a graça de estar próximo dele, que sinto o dever de falar, de compartilhar isso com os outros. Nasci em Sant'Ambrogiodi Torino, exatamente sob a Sacra de San Michele, e sou filho único. Meu pai era diretor da Fiat. Tive pais sempre muito presentes, avós sempre próximos, ambiente paroquial. Depois de terminar os primeiros anos de estudo, entrei para o seminário em Susa, a minha diocese, frequentando o liceu clássico público. Terminado o ensino médio, o bispo, Mons. Giuseppe Garneri, anteriormente historiador pároco da catedral de Turim, mandou-me para a Universidade Gregoriana, em Roma, estudar Teologia. Fiquei alojado no Colégio Capranica. Depois da licença em Teologia Dogmática, a Secretaria de Estado pediu que o bispo me colocasse à disposição para o serviço da Santa Sé. Por isso, fui convidado a passar para a Pontifícia Academia Eclesiástica, onde cumpri os cursos previstos.

Em 25 de junho de 1977, fui ordenado sacerdote em Sant'Ambrogio. Em 1982, deixei Roma para seguir meu primeiro destino, a nunciatura apostólica na Bolívia, onde fiquei quatro anos. Fui transferido depois para a nunciatura em Camarões, por dois anos, e daí para a nunciatura na França, por três anos. No final de 1989, chamaram-me de volta a Roma para colaborar na organização das viagens apostólicas do Papa junto ao Ofício das Celebrações Litúrgicas, sob a orientação de Mons. Piero Marini. Em 1992, fui nomeado responsável pela seção jovem do Pontifício Conselho para os Leigos, que cuida da missão, da vida e do apostolado dos leigos na Igreja; a seção jovem acompanha, em particular, a pastoral juvenil e a organização das Jornadas Mundiais da Juventude.

Lembro-me de que, na véspera do Domingo de Ramos, Pe. Estanislau, o secretário do Papa, me chamou. Começou explicando-me a importância do apostolado juvenil e quanta consideração tinha o Santo Padre pelas Jornadas Mundiais. Eu me perguntava por que me contava essas coisas. Terminou dizendo: "O Papa me falou para pedir a você que aceitasse assumir a responsabilidade pela seção jovem do Conselho para os Leigos". Foi uma grande surpresa, fiquei espantado e perguntei: "Posso pensar a respeito?". "Sim, sim, pense", respondeu Pe. Estanislau. Como o Papa não pudesse ocupar-se de tudo, imaginei que a proposta não tivesse vindo diretamente dele.

No dia seguinte, acabada a celebração de Ramos, Pe. Estanislau me chamou: "Então, o que você diz ao Papa?". E respondi: "Estou bem onde estou, agrada-me o que faço". Ele insistiu: "Então você diz que não?". "Se o Papa quer, digo sim". "Então você aceita?". "Sim, está bem... estou disponível". No entanto, mantinha dentro de mim a ideia de que o pedido não tinha vindo diretamente de João Paulo II. Na manhã da Quinta-feira Santa, enquanto me preparava para a missa crismal, o Papa me disse: "Agradeço que você tenha aceitado o meu convite", desfazendo todas as minhas dúvidas.

Assim começou a aventura das Jornadas Mundiais, vividas de perto, antes, de dentro. A primeira foi em Denver, em 1993, depois em Manila, em 1995, Paris em 1997 e Roma em 2000. No final desse ano, fui chamado para suceder o jesuíta Pe. Roberto Tucci – eleito cardeal – na organização das viagens do Papa. Cuidei dos últimos anos, anos esses um pouco mais difíceis, mas significativos, sobretudo nos países do Leste, saídos do comunismo.

Em novembro de 2003, chegou a nomeação para secretário do Pontifício Conselho das Comunicações Sociais e bispo titular, ordenado depois, em 24 de janeiro de 2004, pelo Cardeal Sodano. Em 22 de fevereiro de 2005 me tornei secretário-geral do Governo, última nomeação curial de João Paulo II.

Organizei ainda a primeira viagem do Papa Bento XVI a Colônia, para a Jornada Mundial da Juventude, em agosto de 2005; mas as duas responsabilidades eram muito exigentes, por isso deixei as viagens e continuei a trabalhar no Governo. Até a nomeação para arcebispo da diocese de Spoleto-Norcia, em 16 de julho de 2009.

Renato Boccardo
† Arcebispo

1.
ROCHA

A força das imagens é tal, que as últimas correm o risco de serem as que ficam: um homem exausto, que só consegue ficar em pé graças a uma vontade sobre-humana. Será que é preciso apagar aquela outra imagem que invadiu as telas do mundo inteiro em 16 de outubro de 1978? Se a batina, a faixa e o solidéu brancos não causavam surpresa, espantoso foi descobrir um atleta de 58 anos, de rosto quadrado, caracteristicamente eslavo, no qual se via força e convicção. O novo Papa abria os braços como que para acolher os milhares de pessoas que enchiam a Praça de São Pedro e dizer: "Aqui estou para vós!".

Um polonês. Esta era a novidade. A Igreja rompia com séculos de tradição. A longa lista dos papas italianos – desde 1522 – era subitamente interrompida. Mais extraordinário ainda: os cardeais reunidos em Conclave não tinham hesitado em designar um homem cujo ministério fora exercido do outro lado da cortina de ferro, num país cujo regime se proclamava orgulhosamente materialista e ateu.

Aquele que, por "respeito, amor e devoção" a seu predecessor, escolhera o nome de João Paulo II, era o 264º pontífice da Igreja Católica. E o primeiro Papa de origem eslava.

A história nunca poderá se esquecer disto. Porque nasceu polonês, porque sofreu a perseguição nazista e a opressão comunista, Karol Wojtyla aprendeu a nunca ceder. Sabia que, desde 1968, a Igreja atravessava um momento difícil. Era necessário um homem decidido para guiar o povo de Deus. Assim que João Paulo II apareceu diante da Praça de São Pedro, teve-se a impressão de que ele seria esse homem. O que ninguém pôde prever é que exatamente esse Papa estaria também – exatamente porque polonês – entre os iniciadores do acontecimento capital do século XX: a queda do comunismo.

Quando Karol Wojtyla vê a luz em 18 de maio de 1920, em Wadowice, perto de Cracóvia, o estado polonês, esmagado desde o século XVIII pela cobiça dos vizinhos demasiado poderosos, começa a reviver. O pai é oficial administrativo no quartel do exército em Wadowice. Perde a mãe quando tem 9 anos e o irmão, aos treze. A infância e a adolescência transcorrem à sombra do pai, que representa tudo. O oficial Wojtyla é pobre, e é de maneira pobre que o rapaz cresce. Mas do pai aprende a obediência e a honestidade. E a fé.

Em 1º de setembro de 1939, o exército de Hitler invade a Polônia. O objetivo é destruir a elite polonesa: as universidades são fechadas, os intelectuais presos. Para sobreviver, o estudante Wojtyla se torna operário em uma mina. Mais tarde trabalhará nas indústrias químicas Solvay, perto de Cracóvia, transportando cal em grandes sacos presos às costas numa armação de madeira. Os seus companheiros notam que é silencioso, sério, reflexivo. De fato, as suas jornadas são ritmadas pela oração. E, ao mesmo tempo, Karol é o melhor dos amigos, sempre pronto a socorrer a quem é mais infeliz do que ele. Quem o conheceu, então, fala da sua força e da sua serenidade. Gosta de futebol e sai para esquiar sempre que pode. Gosta de atuar em teatro com um grupo de amigos, e escreve até algumas peças.

Na morte do seu pai em fevereiro de 1941 estaria – segundo alguns – a origem da sua decisão de consagrar-se totalmente a Deus. Mas os seminários foram fechados, muitos padres assassinados ou deportados. O arcebispo de Cracóvia,

Cardeal Sapieha, no entanto, conseguiu organizar um seminário clandestino que acolhe Karol. Leitor apaixonado de São João da Cruz e de Santa Teresa de Ávila, já profundamente místico, aspira a viver num instituto religioso. Os superiores, que observam nele qualidades pastorais notáveis, preferiram orientá-lo para o clero secular.

Em 2 de novembro de 1946, quando é ordenado sacerdote, um novo terror se abate sobre o seu país. O governo imposto por Stalin é sustentado por uma fraca maioria. Porque a Polônia, na quase totalidade, é católica. O poder comunista compreende que precisará conviver com homens e mulheres dispostos a enfrentarem tudo. Por sua vez, o alto clero polonês – primeiro com Sapieha e Hlond, depois com Wyszynski – aplicará uma estratégia particularmente eficaz: não ceder nada na doutrina, negociar sobre o resto. O Cardeal Sapieha descobre rapidamente em Karol Wojtyla um dos seus padres mais brilhantes. No final de 1946, o envia a Roma para continuar os estudos. A escolha do tema da tese de doutorado define a sua estrutura intelectual: "*Sobre a quaestio de fide no pensamento de São João da Cruz*". Na obra do místico espanhol – como na obra de Santo Tomás de Aquino –, ele encontra a confirmação de que na fé "o homem faz o seu verdadeiro encontro com Deus, e o próprio Deus se torna a forma da inteligência do homem". Segundo Wojtyla, a fé "nasce de uma penetração no coração da pessoa, e é por este motivo que acompanha a sua liberdade, defendendo-a contra toda instrumentalização possível". E acrescenta: "O homem deve necessariamente encontrar a si mesmo porque é semelhante a Deus. Pode encontrar a si mesmo apenas no seu protótipo".

O jovem padre está particularmente interessado na experiência francesa e belga da Juventude Operária Cristã que, segundo ele, constitui uma resposta às ideias materialistas cujo sucesso, depois da guerra, se revela indiscutível. Em junho de 1948 – aos 28 anos –, o Cardeal Sapieha o chama de volta à Polônia. O Pe. Karol, que comunica espontaneamente a sua fé, sustentada por uma cultura muito superior à média de seus contemporâneos, inicia como vice-pároco na Paróquia de São Floriano, mas logo é chamado a ensinar na Universidade Católica de Lublin, depois na de Cracóvia. Os estudantes acorrem em massa a seus cursos. Com ele, diz uma testemunha, "reinava uma atmosfera de extrema simplicidade e de grande amizade". Chamavam-no de "tio" e ele os guiava em longas excursões nas montanhas, ensinando-lhes alpinismo, uma de suas paixões. "Falávamos, ficávamos em silêncio, orávamos."

Em outubro de 1956, depois da insurreição de Budapeste, Moscou decide afrouxar a mordaça sobre a Polônia. Com Gomulka, a Igreja encontra maior, embora sempre relativa, liberdade. É o tempo em que Wojtyla é ordenado bispo auxiliar de Cracóvia. Dedica apenas cinco horas por noite ao sono, porque considera prioritário o encontro com as pessoas. E corre sem cessar de uma paróquia à outra. "Essas visitas" – dirá – "tinham a finalidade de ajudar as comunidades a fazerem mais profundamente a experiência da unidade cristã e a se encontrarem, graças à presença do bispo, na plena dimensão da Igreja não só local, mas também universal".

Em 1976, por ocasião dos exercícios espirituais que pregou no Vaticano por convite de Paulo VI, o Cardeal Wojtyla falou dessas visitas às paróquias como de uma "forma singular de peregrinação ao santuário do povo de Deus".

Tornou-se arcebispo de Cracóvia, depois cardeal, e não mudou. Nem sequer quando Papa. Uma vez que o mundo se tornou a sua paróquia, ele quis conferir a este método pastoral uma dimensão planetária. "Tendo vindo de longe", não pôde deixar de evitar ir para longe: "para viajar se deve viver, e para viver se deve viajar". Um dia afirmou, de brincadeira, que se sentia tanto sucessor de Pedro – portanto, obrigado a voltar a Roma – como sucessor de Paulo – por isso impelido a empreender sempre novas viagens pastorais.

No Concílio, Mons. Wojtyla tomou a palavra sessenta vezes. Poucos observadores e também os analistas dos assuntos vaticanos sabem que desempenhou aí um papel importante. Só alguma testemunha privilegiada pode confirmá-lo. Entre essas testemunhas, um dos principais teólogos do século passado, o Cardeal Henri de Lubac, que ficou vivamente impressionado com sua personalidade: "No Concílio conheci numerosos bispos de primeiro plano" – confia –, "mas com Mons. Wojtyla se alcançava um nível verdadeiramente excepcional". Pe. Lubac explicou como Karol Wojtyla tinha "salvo" a constituição *Gaudium et spes*, ao dar a ela uma estrutura doutrinal que lhe faltava e que, ainda hoje, assegura interesse por um texto que poderia ter rapidamente se tornado obsoleto.

Entretanto, os cardeais descobriam esse colega que "vinha do frio" e – que paradoxo! – trazia a mensagem de uma Igreja em cativeiro, mas sempre livre. Apreciaram o seu rigor doutrinal, o seu conhecimento teológico, às vezes a sua rudeza, mas também a sua simplicidade e o seu senso de humor. A gente se maravilhava diante dele: "É verdade que vai esquiar?". "É verdade". "É raro no Sacro Colégio!". "Não na Polônia. Entre nós, a metade dos cardeais vai esquiar". Nesse tempo, na Polônia havia só dois cardeais!

Quando chega a Cracóvia a notícia da morte de João Paulo I, o Cardeal Wojtyla está celebrando a missa pelo vigésimo aniversário da sua ordenação episcopal. Antes de tomar o avião para Roma, fecha-se por três dias na sua residência.

Como não pensar naquelas vozes que, já no Conclave que elegeu Luciani para Papa, falavam dele? Ninguém poderá dizer qual foi, naqueles dias e naquelas noites, o diálogo que teve com si mesmo. Podemos estar certos de que orou. Muito. Eu o vi tantas vezes em oração. Portanto, não devo imaginar, mas recordar. Eu o revejo, com os olhos fechados, recolher o seu corpo robusto e projetar-se, num instante, literalmente para fora do mundo. Sem dúvida, realizou aquela análise interna que cada um faz quando sente que está às vésperas de um acontecimento capital da sua vida.

Assim que chega a Fiumicino, é levado até os restos mortais de João Paulo I, reza longamente ajoelhado em São Pedro e chega, enfim, ao Colégio Polonês. O reitor se lembra de ter brincado com o cardeal: "Talvez desta vez seja o senhor...". E ele diz: "Não se preocupe, será um italiano".

Os escrutínios se sucedem. Depois de cada um deles, verifica-se que o nome de Karol Wojtyla é pronunciado mais frequentemente. Diminuem as possibilidades dos cardeais italianos e o Conclave se adapta à ideia de eleger um "estrangeiro". Depois da oitava votação, o cardeal de Cracóvia se torna bispo de Roma e sucessor de Pedro.

Quem poderá esquecer a cerimônia de início do pontificado? André Frossard escreve: "O homem vestido de branco que tínhamos diante de nós tinha a estatura dos apóstolos, e as suas primeiras palavras – 'Não tenhais medo!' –, lançadas com uma voz que parecia fazer ressoar todos os sinos de Roma, chamavam para o testemunho. Alguém disse que foram pronunciadas dentro do Coliseu, num dia de perseguição, por um Papa das catacumbas que convidava os fiéis a segui-lo entre as fauces dos leões".

Em poucas horas, aquela fórmula atravessava os continentes: "Não tenhais medo! Abri, de par em par, as portas para Cristo!".

Ele diz: "O Papa quer transpor o limiar de cada casa".

Apenas vinte e quatro horas depois das eleições, ele deixa o Vaticano para ir ao Hospital Gemelli visitar um amigo fraterno, Mons. Andrzej Deskur. Fica um tempo em companhia do enfermo, pede aos presentes que se unam à sua oração e, depois, se encaminha para a saída, onde improvisa um breve discurso em italiano, que termina com um enérgico "basta!", suscitando o aplauso divertido dos ouvintes. O substituto da Secretaria de Estado, Mons. Caprio, sussurra algo ao ouvido de João Paulo II, que, sorridente, explica: "Desculpem-me, lembraram-me de que devo dar a bênção. Ensinam-me a ser Papa!".

"Este Papa nos reservará surpresas", tinha dito um cardeal no término do Conclave. E, de fato, apenas quatorze semanas depois da eleição, o Papa voa ao México: "É a primeira vez. Tive de decidir às pressas". Ir diretamente lá onde o chamam: eis como se manifestou desde o início o que alguém definiu como o "estilo" de João Paulo II.

Se forem lidos hoje as avaliações e os comentários sobre as suas primeiras peregrinações apostólicas, perceberemos que eles, entusiásticos ou críticos que fossem, partiam todos do pressuposto de que uma viagem do Papa era algo excepcional e que exigia, portanto, uma justificação qualquer. Escapava o valor essencialmente pastoral da peregrinação, não se divisava a inserção de um desígnio de amplo fôlego, continuava-se a revolver nas mãos o pedaço de um mosaico desconhecido, como se ele, sozinho, pudesse dar uma visão de conjunto. Também dentro da instituição eclesial aparecia a necessidade de uma reflexão sobre o fato e sobre as modalidades da visita pastoral que fosse proporcional às perguntas implícita ou explicitamente feitas.

O próprio Papa, então, considerou necessário desenvolver uma "catequese" aos setores mais responsáveis da Igreja, a partir dos seus colaboradores imediatos, afirmando que, ao deixar momentaneamente a sede do seu ministério ordinário, era movido por um senso rigoroso e específico do dever que tinha enquanto pastor da Igreja universal. Encontramos a mais completa e, em certo sentido, a mais apaixonada catequese sobre suas viagens apostólicas exatamente no discurso à Cúria Romana de 28 de junho de 1980: "O Papa viaja, sustentado, como Pedro, pela oração de toda a Igreja, para anunciar o Evangelho, para fortalecer os irmãos na fé, para consolar a Igreja, para se encontrar com o homem. São viagens de fé, de oração, que têm sempre no coração a meditação e a proclamação da Palavra de Deus, a celebração eucarística e a invocação de Maria. São outras tantas ocasiões de catequese itinerante, de anúncio evangélico no prolongamento, para todas as latitudes do Evangelho e do Magistério apostólico, dilatado até as hodiernas esferas planetárias. São viagens de amor, de paz e de fraternidade universal. Nestes encontros de almas, mesmo na imensidade das multidões, reconhece-se o carisma do hodierno ministério de Pedro pelos caminhos do mundo. Esse, e só esse, é o fim que tem em vista o Papa peregrino, embora alguns possam atribuir-lhe outras motivações. Entre os vários métodos de aplicação do Vaticano II, este parece ser fundamental e particularmente importante. É o método apostólico: é o de Pedro e, mais ainda, o de Paulo. Os meios técnicos, oferecidos pela nossa época, facilitam hoje este método e, em certo sentido, 'constrangem' a que o sigamos".

"O Papa vai" – acrescenta noutra ocasião – "como mensageiro do Evangelho para os milhões de irmãos e de irmãs que creem em Cristo. Quer conhecê-los, abraçá-los, dizer a todos – crianças, jovens, homens, mulheres, operários, camponeses, profissionais – que Deus os ama, que a Igreja os ama, que o Papa os ama; e para receber também deles o encorajamento e o exemplo da sua bondade, da sua fé". O Papa não se move pela popularidade. A insistência com que mais vezes voltou aos temas impopulares e desagradáveis à mentalidade contemporânea testemunha como em campo doutrinal, moral e disciplinar o critério que o guiava não era o da popularidade, mas o da sua consciência de pastor da Igreja.

Sobre a natureza, sobre o fato óbvio da opção de João Paulo II de sair do Vaticano, na verdade nunca houve dúvidas para o humilde povo de Deus, para o qual um instinto eclesial não consciente, mas nem por isso menos profundo, permitiu que visse o que ainda era obscuro aos mais sábios. De fato, mais de uma vez a atenção pastoral a essa necessidade, esperança, alegria do povo de Deus de "ver Pedro", foi vitoriosa sobre tantas outras considerações ditadas por prudência humana e cristã, quando se tratou de decidir sobre uma visita pastoral, inclusive em situações delicadas e não isentas de riscos de instrumentalização política. Então, mais do que nunca, junto com o alto mandato confiado a Pedro de fortalecer os irmãos na fé, revelou-se em toda a sua riqueza evangélica o comovente ministério de "consolar a Igreja".

Não foi por acaso que João Paulo II escolheu para a sua primeira viagem o México, país completamente leigo, no qual o anticlericalismo é içado como bandeira. Foi a sua primeira grande aposta, e ele a venceu. Tudo foi superado pelo enorme impulso de fé de um povo. Quando atravessou a capital para se dirigir ao santuário da Virgem de Guadalupe, cinco milhões de mexicanos estavam ao longo da estrada. Era preciso ter visto essa multidão para tomar consciência do impacto que tiveram as viagens do Papa! A maioria só o viu de longe. Sobre as imensas plataformas de onde falou, foi ouvido pouco ou mal. Provavelmente poucos se lembram do conteúdo dos discursos, ao passo que certamente muitos se lembram da sua grande capacidade de encontrar gestos certos para o momento certo: "Com seu beijo" – escrevia um jornalista após um encontro com as crianças –, "era como se quisesse deixar na testa delas uma marca cristã para o futuro, num gesto quase sacramental, mais do que de afeto. A criança levaria na lembrança aquele beijo do Papa, e talvez a ajudasse a se manter cristã".

Além das encíclicas com as quais ilustrou as certezas sem as quais a Igreja não existiria, é provavelmente às alocuções pronunciadas durante as suas viagens que devemos os mais claros pontos de referência. No México, com aqueles discursos que foram com justiça definidos como "uma pequena encíclica", o Papa recém-eleito fixou os termos de um programa que mostrou ser, no espírito dele, definitivo. Os comentaristas identificaram cinco partes nele: em primeiro lugar, a insistência na pureza da doutrina; depois veio a verdade sobre o homem, que a Igreja pode legitimamente afirmar que possui e que convida cada um a defender contra o humanismo ateu; em terceiro lugar, a dignidade do homem, que supõe a liberdade religiosa, a integridade física e psíquica, o direito tanto à vida como aos bens materiais, e que justifica plenamente a defesa dos direitos do homem; quarto, o papel da Igreja, que deve permanecer exclusivamente religioso e garantir a liberdade diante de sistemas ideológicos opostos; e, finalmente, a doutrina social que os crentes devem aplicar, seja no que se refere à propriedade privada – "direito onerado por uma hipoteca social" –, seja no que diz respeito à distribuição dos bens que poderão garantir o desenvolvimento dos países pobres e estabelecer um sistema econômico justo: "Na vida internacional é preciso fazer referência aos princípios da ética, às exigências da justiça, ao primeiro dos mandamentos, que é o do amor. É preciso reconhecer a primazia da moral, do espiritual, do que nasce da plena verdade sobre o homem!".

Essas cinco partes serão confirmadas por três recomendações, que constituem também "compromissos prioritários": a família, que é preciso proteger do divórcio, da contracepção e do aborto; as vocações sacerdotais; a juventude, promessa para a Igreja de um futuro necessário.

Para dar conta de uma grande obra, é preciso necessariamente se colocar na pesquisa do pensamento que a justifica. Toda a admiração que se pode ter pelo pontificado de João Paulo II corre o risco de ser superficial, se não se voltar obstinadamente à fé desse homem excepcional que medita incessantemente sobre o mistério cristão. Ao ascender às responsabilidades da cátedra de Pedro, Karol Wojtyla não podia romper com o que existira precedentemente e que, por outro lado, constitui parte fundamental da consciência cristã contemporânea.

A sua estrutura intelectual está fundada sobre uma antropologia teológica na qual o destino, a ação e a própria existência do homem tomam consistência no projeto de Deus sobre a humanidade. Antes ainda de enfrentá-los e sistematizá-los de um ponto de vista filosófico e teológico, os paradoxos da psicologia humana solicitam a sua atenção e os recursos da sua fé: que relação misteriosa estabelecer entre o homem problemático dos cientistas, dos poetas e dos romancistas e a revelação trazida por Cristo?

Por sugestão do jovem bispo de Cracóvia, o Vaticano II fornecerá a resposta na constituição *Gaudium et spes* (n. 22): "O mistério do ser humano só se ilumina de fato à luz do mistério do Verbo encarnado. O primeiro homem, Adão, era imagem do homem futuro, o Cristo Senhor. Cristo, o último

Adão, enquanto revela o mistério do Pai e de seu amor, manifesta plenamente o homem ao próprio homem e descobre-lhe sua altíssima vocação... 'Imagem do Deus invisível' (Cl 1,15), é o homem perfeito, que restituiu aos filhos de Adão a semelhança divina deformada desde o primeiro pecado. Já que, nele, a natureza humana foi assumida sem ser afetada, por isso mesmo, também em nós, foi ela elevada à sublime dignidade. Com efeito, pela sua encarnação, ele, o Filho de Deus, uniu-se de certo modo a todo homem".

Persuadido de que o homem leva em si "o sinal eterno de Deus", João Paulo II não cessará de desenvolver no seu ensinamento a mesma temática. Se o homem é a via da Igreja, explicará na encíclica *Redemptor hominis*, é porque a dimensão antropológica, tão importante no pensamento contemporâneo, não encontra a sua verdadeira medida senão no desígnio de amor de Deus pelas suas criaturas: "O homem não pode viver sem amor. Ele permanece para si próprio um ser incompreensível e a sua vida é destituída de sentido, se não lhe for revelado o amor, se ele não se encontra com o amor, se não o experimenta e se não o torna algo seu próprio, se nele não participa vivamente. E por isto precisamente Cristo Redentor revela plenamente o homem ao próprio homem. Esta é a dimensão humana do mistério da Redenção".

Esta mensagem, proclamada por toda a parte, sempre com grande atenção ao contexto histórico e cultural, tem sido semente amplamente espalhada e depositada no coração de cada um, sem preocupação excessiva em colher, sabendo que a Graça opera sempre, mas tem tempos e modos todos seus.

Na primeira viagem do Papa à Polônia, dizer que a acolhida dos seus conterrâneos foi triunfal seria ficar muito aquém da realidade. Por toda a parte, o entusiasmo beirou a idolatria. Alguns se preocuparam: para tranquilizá-los, bastava olhar João Paulo II orientar para o Senhor as pessoas que se dirigiam a ele. Em Auschwitz, presidiu a celebração da missa com uma centena de padres, todos ex-deportados. Em redor dele, um milhão de homens e mulheres em silêncio. Recordou os mortos no campo de concentração, "um lugar construído sobre o ódio e o desprezo pelo homem em nome de uma ideologia louca".

Aos pés do avião que o levaria de volta a Roma, João Paulo II gritou: "Despeço-me da Polônia, da minha pátria". Beijou o chão e acrescentou: "Desejo ao meu país todo o bem possível, a realização de todos os projetos e aspirações justas. Deus vos abençoe".

No meio dos outros, um jovem sindicalista chamado Lech Walesa o escutava. Talvez tudo tenha começado ali. O combate dos poloneses pela liberdade encontrou na Igreja do país o seu marco de referência. O certo é que a coragem dos combatentes foi centuplicada pela presença, no trono de Pedro, desse polonês do qual eles sabiam que, de corpo e alma, estava com eles. Virá o dia em que, pela primeira vez num país do Leste, o poder comunista reconhecerá a sua derrota diante daqueles que exigiam a liberdade agitando um crucifixo. "Muitas coisas" – dirá o Papa João Paulo II na Áustria, em 1998 – "podem ser tiradas de nós cristãos. Mas a cruz como sinal de salvação não deixaremos que a tirem. Não permitiremos que ela seja excluída da vida pública! Ouçamos a voz da consciência que diz: 'É preciso obedecer antes a Deus do que aos homens' (At 5,29)".

Desde o Vaticano governava e servia a Igreja. Quanto mais o tempo passava, mais a tarefa se tornava premente. Mas o Papa não recuava diante de nenhum dos compromissos que constituíam o seu "dever de estado". Toda manhã se levantava entre 5h30 e 6h. Às 7h celebrava a missa para a qual convidava participantes diversos. Alguns deles compartilhavam depois com ele a primeira refeição. Até as 11h ficava sozinho no seu escritório. Durante o trabalho, acontecia de deixar improvisamente o escritório para ir à capela. Aí se ajoelhava diante do altar, mergulhando em profunda oração. Depois voltava ao trabalho. Às 11h iniciava as audiências privadas, entre 450 e 500 por ano. Preparava atentamente cada uma delas. No final da manhã, recebia os grupos. Seguia o almoço preparado pelas religiosas polonesas a serviço no apartamento pontifício. À mesa continuava as conversas com os seus visitantes, eclesiásticos e leigos.

Terminado o almoço, tendo se tornado um bom romano, se concedia meia hora de descanso. Depois da reza do breviário, estudava algumas páginas de um autor estrangeiro para se exercitar nas diversas línguas. Seguia trabalho pessoal no escritório ou na biblioteca. Durante essas horas elaborava os seus grandes textos, os documentos doutrinais, as encíclicas como *Redemptor hominis*, *Veritatis splendor*, *Fides et ratio*. Redigia a primeira versão em polonês e a Secretaria de Estado cuidava da tradução em italiano. Às 18h30 iniciava as audiências com os colaboradores imediatos: apresentavam--lhe as grandes questões e lhe entregavam os relatórios para o seu exame pessoal.

Às 20h o trabalho era interrompido pela ceia, que frequentemente constituía outra reunião de trabalho. Depois, novamente ia ao escritório, onde o esperava uma pilha de documentos. Queria examiná-los atentamente, um por um, e em cada um acrescentava as suas notas e a sua sigla. A jornada terminava por volta das 23h, com uma última longa parada na capela.

No dia 13 de maio de 1981, às cinco da tarde, ia ao encontro dos vinte mil fiéis reunidos na Praça de São Pedro para a audiência geral de quarta-feira. Um homem escondido entre a multidão descarregou contra ele a pistola.

Os ferimentos eram de extrema gravidade. Os médicos e os cirurgiões o arrancaram da morte, mas o Papa atribuiu sempre a sua salvação à intervenção de Nossa Senhora de Fátima. Escrevendo em 1994, aos bispos italianos, do Hospital Gemelli, onde se recuperava, reforçou a sua certeza de que fora "uma mão materna que guiou a trajetória da bala", permitindo que "o Papa agonizante" se detivesse "no limiar da morte". Aquele projétil se encontra agora, por vontade do Papa, engastado na coroa da estátua de Nossa Senhora de Fátima no santuário português.

Após a longa convalescença depois do atentado, o Papa retomou o trabalho cotidiano e as viagens com o mesmo ritmo, intenso e premente. Todos os que o acompanharam não podem esquecer esse homem vestido de branco que, quase ignorando as multidões delirantes, se ajoelhava e mergulhava em contemplação. Ninguém podia duvidar de que falasse com Deus. Ficava longo tempo com os olhos fechados; às vezes se tinha a impressão de que tinha adormecido. Mas bastava olhar os lábios que se mexiam em oração.

Não tolerou nenhum desvio no plano doutrinal. Como poderia faltar a este dever fundamental de Chefe da Igreja? Nele ardiam tanto o fogo da fé quanto a fidelidade ao único guia: o Evangelho. Ao participar do Concílio Vaticano II, compusera um poema sobre São Pedro: "Tu queres ser aquele que sustenta os nossos pés, como a pedra debaixo dos cascos das ovelhas. E a pedra é também o pavimento de um tempo gigantesco". Não nos espantemos, portanto, ao ouvi-lo afirmar que quer realizar com dedicação a missão de ser "a rocha da Igreja".

O primeiro dever do Papa é "reunir na unidade o povo de Deus". Tarefa não pequena, porque séculos de divisões e discussões afastaram os cristãos uns dos outros. A sua divisão permanece "um escândalo". Sem pretender apagar o rastro da história, João Paulo II quis aproveitar a oportunidade do Jubileu do ano 2000 para aproximar os cristãos e resolver pelo menos em parte os motivos da sua separação. Em marcha forçada, deu passos consideráveis e reconheceu os erros do passado, que misturavam política e religião: saque de Constantinopla (abril de 1204), condenação de João Hus (1415), massacre da noite de São Bartolomeu (1572). Pediu perdão de tudo em nome da Igreja. Este processo foi acompanhado pela continuação do diálogo entre as Igrejas Cristãs e a aprovação das declarações que anulavam séculos de incompreensões, como, por exemplo, o acordo com os luteranos "sobre a doutrina da justificação" (1999). A abertura da Porta Santa da Basílica de São Paulo Fora dos Muros, em 18 de janeiro de 2000, junto com o arcebispo de Canterbury e o metropolita ortodoxo Athanasios, permanece uma imagem altamente simbólica.

Procurou a reconciliação com os judeus, por ele definidos "irmãos maiores". Foi o primeiro Pontífice a entrar numa sinagoga (Roma, 1986) e a orar no Muro ocidental de Jerusalém (2000). Mas, desde a já lembrada visita a Auschwitz (1979), quis cortar o mal pela raiz rejeitando todo antissemitismo e antijudaísmo. O passo decisivo foi o reconhecimento diplomático de Israel por parte da Santa Sé (1993) e a aprovação da declaração *Nós recordamos* (1998). Nem todo nó foi desfeito, mas progressos significativos foram realizados.

Gesto impensável antes, em 27 de outubro de 1986 João Paulo II reúne em Assis os responsáveis pelas religiões para orar a fim de que o mundo obtenha a paz. Quantas vezes lançou o seu grito: "Basta de guerra! Parem a guerra!". Embora esses apelos nem sempre conduzissem à paz, a partir daí nenhum responsável pode invocar uma razão cristã para motivar e justificar o seu compromisso num conflito.

"Basta de guerra em nome de Deus! Basta de profanação do seu santo Nome! Vim ao Azerbaijão – é 22 de maio de 2002 – como embaixador da paz. Enquanto eu tiver voz, bradarei: 'Paz, em nome de Deus!'. E se a palavra se associar às outras palavras, nascerá um coro, uma sinfonia, que contagiará os espíritos, extinguirá o ódio e chegará a desarmar os corações".

Com o mesmo tom apaixonado, dez meses mais tarde o Papa dirigirá aos contendedores o extremo apelo na véspera da preparação da guerra no Iraque: "Eu pertenço à geração que se lembra bem, que viveu – e graças a Deus sobreviveu – a Segunda Guerra Mundial e, por isso, tenho também o dever de recordar a todos esses jovens, mais jovens do que eu, que não tiveram essa experiência, tenho o dever de dizer: guerra nunca mais!".

É longa a lista dos conflitos nos quais João Paulo II interveio sem nunca se desesperar: da ex-Iugoslávia até a Indonésia, passando pelo Líbano, Congo, Golfo Pérsico, Ruanda e Burundi, pelas Falklands-Malvinas. Assim, ele alcançou uma estatura internacional inigualável, reconhecida por muitas pessoas em desacordo com ele sobre outros temas. Por outras duas vezes, em Assis, os encontros inter-religiosos convocados por ele permitiram orar pela paz: em 1993, pela Europa (ex-Iugoslávia), e em janeiro de 2002, quatro meses depois dos atentados de 11 de setembro. A constância do Papa ficou mais clara ainda nas mensagens para a Jornada Mundial da Paz, em primeiro de janeiro de cada ano. Contudo, certamente provou a tristeza daquele que grita no deserto sem ser escutado: os chefes de Estado o seguiram pouco.

A sua experiência de jovem operário lhe deu uma atenção particular ao mundo do trabalho. O seu ensinamento e as suas reflexões se concentraram abundantemente na doutrina social da Igreja. Embora tivesse conhecido a derrota do modelo econômico coletivista e comunista, nunca abençoou o capitalismo liberal: "A Igreja" – afirmou – "não tem um modelo a propor. A sua doutrina social reconhece o caráter positivo do mercado e da empresa, mas sublinha, ao mesmo tempo, a necessidade de sua orientação para o bem comum" (1991). Hoje se desenvolve a mundialização e não se responde às exigências postas pelo Papa, que lembrava como o respeito pelas pessoas e por suas aspirações legítimas deve prevalecer sobre a busca do lucro. A luta contra a pobreza, a distribuição das riquezas, o desenvolvimento sustentável se opõem em parte ao liberalismo econômico. João Paulo II não sonhava com um mundo em paz, na base de critérios unicamente econômicos: são os direitos das pessoas e o respeito pela dignidade humana que têm a precedência.

Os anos passaram, o pontificado foi longo, o mundo percorreu o seu caminho. Os costumes mudaram muito mais que nos últimos séculos. Mas a linguagem de João Paulo II não mudava e havia quem lhe censurasse isso. Quase todas as suas posições eram censuradas: a defesa da vida desde a concepção até o seu término natural, o celibato dos padres, o divórcio, a proibição dos contraceptivos, a recusa do acesso das mulheres ao sacerdócio. Dizia-se que o Papa não soubera "adaptar-se".

João Paulo II não apenas não permaneceu insensível às críticas, mas sabemos que sofreu com elas, ainda que na serenidade de quem sabe que cumpriu o seu dever. Mas não cedeu. Explicou-se: "Alguns tentaram pedir que a Igreja afrouxasse as suas exigências, por exemplo, no que diz respeito ao matrimônio cristão ou ao sacerdócio. Na realidade, vocês o imaginam, a Igreja cessaria assim de ser o sal e o fermento de que fala Jesus. Ela seria menos crível, a sua mensagem fraca, ambígua, e o seu testemunho menos vigoroso".

Os meios de comunicação foram categóricos: a hora desse Papa passara. Com evidente volúpia, as televisões se demoravam no seu envelhecimento, no passo sempre mais hesitante, na preocupação que se lia no rosto dos colaboradores em ocasiões de cerimônias públicas. A sua crescente dificuldade de locução era explicada pela doença de Parkinson. Mas o Pontífice escolheu não esconder as suas fraquezas. Com a sua coragem, suscitou a admiração do mundo e interrogou a opinião pública.

Quando se anunciou a sua vontade de presidir a Jornada Mundial da Juventude em Paris, em 1997, essa sua atitude foi considerada ridícula ou falsamente compadecida. Como o Pontífice podia pretender, num tempo em que era claro que os jovens se afastavam de toda espiritualidade, que a sua presença pudesse suscitar alguma atração? Convencidos de que os lugares preparados para o evento ficariam meio vazios, previa-se o fracasso.

Resultado: mais de um milhão de jovens acorreu de toda a parte do mundo. O Papa de 77 anos, velho e doente, manifestava, segundo a expressão de um jovem norte-americano, "um espírito sempre mais forte num corpo sempre mais fraco". Ouvimo-lo gritar aos jovens com a sua voz trêmula: "O tempo não para hoje!". E termina intimando-os: "Caminhai pelas estradas do mundo!".

Ele mesmo dá o exemplo. Um mês depois de Paris, voa para o Brasil. Em janeiro de 1998, Fidel Castro põe uma gravata para recebê-lo em Havana, onde João Paulo II afirma: "Cuba precisa do mundo! O mundo precisa de Cuba!". Em março publica *Uma reflexão sobre a Shoah* e voa para a Nigéria. Em junho está na Áustria. A cada deslocamento, o mundo surpreso murmura: é a última. Mas se engana: em 1999, o Papa realiza a sua sétima viagem à Polônia.

Em 24 de dezembro daquele ano, abre a Porta Santa da Basílica de São Pedro: é o início do Grande Jubileu do ano 2000. Há um alarme: um jubileu é massacrante. Como poderá resistir? Em vez disso, a peregrinação continua: em fevereiro o Papa está na Palestina, em março no Sinai. Do alto do Monte Nebo quer ver aquela região assim como Moisés a contemplou. Não é mais o tempo em que podia, ao descer do avião, ajoelhar-se e beijar o solo. Em Belém, apresentam a ele uma taça com a terra da região em que nasceu Jesus e ele deposita nela longamente os lábios. Em Jerusalém faz deslizar entre as pedras do Muro das Lamentações o texto de arrependimento da Igreja católica: "Deus dos nossos pais, tu escolheste Abraão e a sua descendência para que o teu nome fosse levado aos povos: nós estamos profundamente aflitos pelo comportamento de todos os que no curso da história fizeram estes teus filhos sofrerem e, pedindo-te perdão, queremos comprometer-nos numa autêntica fraternidade com o povo da aliança". Celebra uma missa no Calvário e no Santo Sepulcro, encontra-se com os rabinos de Israel e o Grande Mufti.

Em Portugal, beatifica as duas testemunhas infantis das aparições de Fátima. Tendo voltado a Roma, em Tor Vergata acolhe a multidão imensa dos jovens que vieram orar nos lugares onde Pedro derramou o sangue e fundou a Igreja; define-os como "minha alegria e minha coroa" e os chama de "sentinelas da manhã".

Em 2001, reúne um Consistório extraordinário dos cardeais sobre a Igreja no terceiro milênio e um Sínodo dos bispos sobre o ministério episcopal. De 2000 a 2004, realizará doze viagens apostólicas. Em Azerbaijão reafirma "o respeito da Igreja Católica pelo Islã, o autêntico islã", repetindo que "o ódio, o fanatismo, o terrorismo profanam o nome de Deus".

Em agosto de 2004, em Lourdes, a última viagem, doente entre os doentes: "Estou convosco, caros irmãos e irmãs, como um peregrino junto à Virgem; faço minhas as vossas orações e as vossas esperanças; compartilho convosco um tempo da vida marcado pelo sofrimento físico, mas nem por isso menos fecundo no desígnio admirável de Deus". E uma mensagem emblemática, quase um testamento: "Sede mulheres e homens livres! Mas lembrai-vos: a liberdade humana é uma liberdade ferida pelo pecado. Ela própria precisa ser libertada. O seu libertador é Cristo, que 'nos libertou para a liberdade' (Gl 5,1). Defendei a vossa liberdade".

Depois do Grande Jubileu, João Paulo II se propõe ainda a "servir à Igreja até quando (Deus) quiser", conforme o que afirmou em maio de 1995, no seu septuagésimo quinto aniversário. Na *Carta aos anciãos* (1999) escreveu: "O dom da vida, apesar da fadiga e dor que a caracteriza, é belo e precioso demais para que dele nos cansemos... Apesar das limitações devidas à idade, depois de mais de vinte anos na sede de Pedro, conservo o gosto pela vida. Agradeço ao Senhor. É bonito poder gastar-se até o fim pela causa do Reino de Deus". Consciente de ter cumprido o seu dever, não é difícil imaginar que faça sua a oração do velho Simeão: "Agora, Senhor, podes deixar o teu servo partir em paz" (Lc 2,29).

Mas não retrocede diante das dificuldades. O testemunho dado no tempo do sofrimento e da doença, com vontade determinada, tocou as pessoas talvez mais do que muitas palavras suas. Fica difícil para ele se exprimir, o movimento e a autonomia se reduzem gradualmente. No entanto, continua a comunicar-se. Em 2003, publica um volume de poesias com o título *Tríptico romano* e, depois, ainda dois livros de reflexões e lembranças: *Levantai-vos, vamos!*, em maio de 2004, e *Memória e identidade,* em fevereiro de 2005.

32

Não esqueceremos as imagens transmitidas na noite da Sexta-feira Santa de 2005. Da capela privada do seu apartamento no Vaticano, o Papa segue a *via crucis* ao Coliseu, conduzida pelo Cardeal Camillo Ruini, com as meditações preparadas pelo Cardeal Joseph Ratzinger. Tomado sempre de costas ou de lado, segura nas mãos um crucifixo. Enviou uma saudação aos participantes: "Ofereço os meus sofrimentos para que o desígnio de Deus se cumpra e a sua palavra caminhe entre as gentes".

O Hospital Gemelli, que o vira mais vezes doente, o acolhe ainda nos meses de fevereiro e março. Depois da aparição – dramática e sem palavras – à janela no dia de Páscoa, João Paulo II, Pontífice romano e Servo dos servos de Deus, morre em 2 de abril de 2005, às 21h37, poucas semanas antes de completar 85 anos. Algumas horas antes, tinha sussurrado: "Deixa-me ir à casa do Pai".

Na semana que vai do dia da morte ao dos funerais, mais de três milhões de pessoas vão à Praça de São Pedro para saudar o Papa, para dizer-lhe ainda uma vez "obrigado". É a sua última "audiência geral". Com o grito espontâneo de "santo já", aqueles peregrinos se fazem eco da expectativa e do desejo dos milhões de pessoas que viram, ouviram, amaram João Paulo II.

Em vinte e sete anos de pontificado, João Paulo II escreveu quatorze encíclicas, quatorze exortações apostólicas, onze constituições apostólicas, quarenta e duas cartas apostólicas e vinte e oito motos-próprios. Presidiu cento e quarenta e uma cerimônias de beatificação e quarenta e nove de canonização. Realizou oito consistórios para a criação de duzentos e um novos cardeais, convocou seis reuniões plenárias do colégio cardinalício, reuniu quinze sínodos dos bispos.

Nos últimos tempos, quando a gente se aproximava dele, tinha a impressão de encontrar com a sombra do que ele fora, como uma pequena chama. Essa chama, porém, brilhava e era um desmentido solene das ilações e comentários difundidos sempre mais. Nunca cessou de pôr-se à escuta da humanidade sofredora. Ele a conhecia tão bem! Sabia também que o homem é essencialmente falível. Opor a fragilidade à fragilidade seria uma abdicação. Considerou missão sua levantar pilares e não hesitou sequer em dobrar--se a fim de que esses pudessem ficar de pé. Sabia que as metas que propunha eram difíceis de alcançar. Mas nunca duvidou de que a religião que tinha recebido em depósito é a religião da misericórdia.

"Ele teve o dom dos olhos para ver Deus. Para ele, que até nos momentos de atividades mais espetaculares se lançava em arrebatamento no espaço da mística, ver Deus tinha sido o espasmo da vida. Certo dia, na Índia, tinha revelado: 'O que desejo alcançar é ver Deus face a face. Para isto vivo, me movo, existo'. Aos homens deixou uma profecia de esperança para o novo século: 'Quando a noite nos envolver, devemos pensar na aurora que virá', disse na França, em Reims. E em Fátima, no lugar de presumidas previsões de cataclismos: 'Não tenhais medo, queridos filhos, este não é um mundo velho que termina. É um mundo novo que inicia. Uma nova aurora parece surgir no céu da história'" (D. Del Rio, *Karol il Grande*, Milano: Paoline, 2003).

"Com as palavras e com os gestos, o querido João Paulo II não se cansou de indicar ao mundo que se o homem se deixa abraçar por Cristo, não mortifica a riqueza da sua humanidade; se adere a ele com todo o coração, nada lhe faltará. Ao contrário, o encontro com Cristo torna a nossa vida mais apaixonante. Precisamente porque se aproximou cada vez mais de Deus na oração, na contemplação, no amor à verdade e à beleza, o nosso amado Papa pôde tornar-se companheiro de viagem de cada um de nós e falar com autoridade também a quantos andavam afastados da fé cristã.

No primeiro aniversário do seu regresso à Casa do Pai, somos convidados esta noite a acolher de novo a herança espiritual que ele nos deixou; somos estimulados, entre outras coisas, a viver procurando incansavelmente a verdade, a única que satisfaz o nosso coração. Somos encorajados a não ter receio de seguir Cristo, para levar a todos o anúncio do Evangelho, que é fermento de uma humanidade mais fraterna e solidária. João Paulo II nos ajude do céu a prosseguir o nosso caminho, permanecendo discípulos de Jesus para sermos, como ele mesmo gostava de repetir aos jovens, 'sentinelas da manhã' neste início do terceiro milênio cristão" (Bento XVI, 2 de abril de 2006).

2.
ORAÇÃO

Foi dito de tudo a respeito de João Paulo II durante a sua vida e depois da sua morte. Foram-lhe dadas muitas definições: teólogo, filósofo, poeta, ator, comunicador. Tudo verdade, mas me parece que a definição mais exata, a que mais capta o segredo da sua vida, seja exatamente a de "homem de oração".

Desde as primeiras vezes que tive ocasião de estar próximo dele, fui atingido pela sua capacidade de entrar em diálogo com Deus. Mesmo quando se encontrava no meio de um milhão de pessoas que cantavam, berravam, aplaudiam, o Papa se ajoelhava e orava como se estivesse só. Em redor dele o mundo sumia, e ele era visto em diálogo com Deus. Creio que esta foi a sua característica fundamental, que explica todas as outras. Durante os deslocamentos, tanto em casa, passando de uma peça para a outra através dos corredores, como durante as viagens, de avião, automóvel, navio, helicóptero, tinha sempre na mão a coroa do rosário. Em todo momento de silêncio ou de pausa, ele era visto murmurando algo. Antes das celebrações litúrgicas, seja em Roma ou em andanças pelo mundo, depois de ter cumprimentado os presentes, de se ter informado sobre o programa e começado a pôr os paramentos, não falava mais, começava a rezar em voz baixa. Não sei o que dizia, mas continuamente o ouvia murmurar. E fazia isso durante toda a missa. Quando voltava à sacristia, punha-se de joelhos no chão e, tomando a cabeça nas mãos, começava a sua oração de agradecimento, que tomava o tempo que fosse necessário. Muitas vezes, durante as viagens, era preciso respeitar o programa e então, depois de um tempo, ousávamos nos aproximar dele e dizer em voz baixa: "É hora de ir". Mais de uma vez ele nos olhou e disse: "Um momento". Tinha de terminar a sua oração, que era o mais importante.

Na sua capela, no Vaticano, onde celebrava a missa todo dia, diante do altar se encontra um genuflexório com uma cadeira. O secretário do Papa enfiava debaixo da almofada, na qual ficavam apoiados os cotovelos, bilhetes nos quais estavam escritas as intenções que as pessoas confiavam à oração do Papa. Quando João Paulo II, várias vezes durante o dia, entrava na capela, levantava a almofada, pegava esses bilhetes e os lia um por um, incluindo na sua oração todas as intenções que lhe tinham sido confiadas.

Homem de oração, portanto, que tornou fecundo o seu ministério haurindo continuamente da fonte inexaurível que é o Senhor Jesus. Esse diálogo com Deus se tornava para ele fonte de uma sabedoria particular, que lhe permitia interpretar os acontecimentos da história, ter aquelas palavras, aqueles ensinamentos tão fortes e tão corajosos que impressionaram e sacudiram a consciência do mundo. Dessa amizade profunda com o Senhor, ele tirava a capacidade de dar indicações e orientações, de ver como nada sucede por acaso. Sabia ligar entre eles os diversos acontecimentos. Quantas vezes falou do século passado, que iniciou com uma guerra, a Primeira Guerra Mundial, e concluiu ainda com outra guerra, sempre na terra da ex-Iugoslávia, vendo como o mistério do mal, da iniquidade, continua a envolver a história dos homens. Uma história que só pode ser redimida pela presença e pelo sacrifício de Cristo salvador. O Papa sabia ver como a providência de Deus guia os acontecimentos, embora estes às vezes não apareçam imediatamente como positivos. Essa sabedoria e inteligência provinham da sua comunhão profunda com o

Senhor, da capacidade forte que tinha de entrar em diálogo com ele.

Orava do mesmo modo também em Roma, naturalmente. Pe. Estanislau me contava que, enquanto um visitante deixava a sala e outro era introduzido, nesses poucos minutos o Papa desfiava o rosário e dizia duas ou três Ave-Marias.

Outra característica importante é a grande humanidade, a espontaneidade, a atenção às pessoas. Em 1991, enquanto estava de férias no Vale de Aosta, em LesCombes d'Introd, tínhamos organizado uma visita dele a Susa. Na preparação, contavam a ele alguma coisa da diocese e da cidade. Expliquei que os habitantes se chamavam segusinos, do latim *segusium*. O termo despertara a sua curiosidade de modo particular e não se esqueceu mais dele. Quando depois me via, dizia: "Lá vem o segusino". Era muito atento às características das pessoas que eram próximas dele.

Creio que, se hoje o Papa Francisco pode exprimir-se de modo tão paterno e espontâneo, isso se deve também à humanização da figura do Papa feita por João Paulo I e especialmente, depois, por João Paulo II. Como quando anunciou da janela do *Angelus*: "Logo de tarde vou para o hospital". Algo impensável antes dele. Deu à figura do Papa uma dimensão humana que antes permanecia um pouco na surdina, um pouco escondida, embora já houvesse. Lembremos a invocação de Paulo VI na cerimônia fúnebre por Aldo Moro, pouco antes de morrer, na qual se via a sua humanidade ferida. Mas creio que João Paulo II, especialmente com as suas desventuras de saúde, tenha dado a percepção da humanidade do homem que é chamado a um ministério tão alto.

3.
OPERÁRIO

Na sua juventude, Karol Wojtyla fora operário. Tendo compartilhado a vida dos operários, sempre esteve sensível à condição deles, tanto que se tornou o paladino do ensinamento da doutrina social da Igreja, lembrando por toda parte a dignidade do homem e do trabalho, recordando como todo projeto político e econômico deve ter no centro a pessoa humana. O desenvolvimento, o progresso, a afirmação também econômica e administrativa de uma empresa, de uma sociedade, de um país, devem ser respeitosos da dignidade do homem. A economia não pode sozinha garantir o verdadeiro progresso. É preciso buscar e promover incansavelmente a justiça, o bem comum, a solidariedade.

Diante da globalização que avançava, o Papa recordou mais vezes que a Igreja não tem uma fórmula ou um projeto de sociedade. Assim como condenou o materialismo e o comunismo, certamente não aprovou o liberalismo econômico. Lembrou aos representantes dos povos o dever de estarem atentos à pessoa humana, para garantir a todos um crescimento na serenidade e na paz. "Os problemas dos países mais pobres" – disse – "não serão resolvidos por um gesto de beneficência, mas será preciso uma distribuição igual dos bens da terra, dados a todos os homens e não apenas a alguns". As problemáticas do chamado Terceiro Mundo não serão resolvidas teoricamente, em redor de uma mesa, mas só terão solução se todos, desde os chefes de Estado até os indivíduos, aceitarem compartilhar aqueles bens que foram dados ao homem e a todos os homens.

Em agosto de 2002 estávamos na Polônia, para a dedicação do Santuário da Divina Misericórdia. Na homilia, a certa altura, o Papa deixou de lado as folhas e disse: "Quem teria imaginado que aquele jovem operário com tamancos nos pés, que no final de uma jornada cansativa passava aqui, neste terreno, e ficava diante da coluna de Jesus misericordioso para rezar por um momento... Pois bem, quem teria dito que aquele jovem voltaria um dia aqui como papa, para a dedicação deste santuário?". Lembrou, com gestos, o cansaço e o compromisso dos dias de trabalho. "Aqui aprendi a solidariedade, aqui compreendi que ninguém pode ser feliz sozinho, que cada um é responsável por quem está próximo dele".

Dessa experiência provém a afirmação programática que encontramos na sua primeira encíclica *Redemptor hominis*, onde escreve que "o homem é a 'via' da Igreja". Retomando a *Gaudium et spes*, da qual ele próprio foi inspirador, dizia: "Toda a grandeza do homem consiste no fato de ter sido criado à imagem de Deus. O homem só encontra a si mesmo se entrar em comunhão com Deus. Só Deus sabe o que há no coração do homem e só Ele pode responder à expectativa de verdade, de plenitude e de felicidade da sua criatura".

4.
PEREGRINO

Cento e quatro viagens internacionais. Três vezes e meia a distância da Terra à Lua. Oitenta e nove vezes a circunferência da Terra. Mas não são os números que contam. As viagens do Papa foram uma surpresa para a Igreja e para o mundo. João XXIII fizera duas viagens, indo a Loreto e a Assis para invocar a ajuda da Virgem e de São Francisco para o Concílio Vaticano II. Paulo VI fez seis viagens intercontinentais e disse: "Vereis o meu sucessor quantas viagens fará!".

João Paulo II, quatorze semanas depois da eleição, voou ao México. Começou assim sua longa peregrinação pelo mundo, marcada toda vez que chegava a um novo país, aos pés da escada do avião, pelo seu ajoelhar-se e beijar a terra em sinal de afeto e de respeito pela história, pela tradição, pela fé, pelo sofrimento, pelas esperanças do país.

Não se deteve diante das viagens difíceis. Quando certa prudência humana e até eclesial sugeria que devesse ficar em Roma, por causa da possível instrumentalização – pensemos na viagem ao Chile, com o presidente Pinochet, ou a Cuba, com Fidel Castro –, o Papa não se detinha, porque dizia: "É meu dever ir aonde as pessoas me esperam". Foi dito que se tratava de um culto da sua personalidade, que as multidões que se reuniam ao redor do Papa queriam vê-lo, senti-lo, e o resto não interessava. Provavelmente a maior parte das pessoas, centenas de milhões, que viram o Papa por vinte e sete anos não se recordam de nada do que ele disse, mas certamente se lembram dos seus gestos, de algumas expressões, e todos podem dizer: "Eu vi o Papa".

Os gestos de João Paulo II – ditados pela sua paixão pelo homem, pelo seu desejo de ir ao encontro de todos – marcaram a consciência daqueles que estavam presentes ou que seguiram, através da televisão ou do rádio, o seu ministério. Não hesitou em ir, por exemplo, ao Azerbaijão, onde os católicos são em número de cento e doze, ou aos países escandinavos, onde os católicos são 2% da população, para dizer a eles "vocês não foram esquecidos, vocês são importantes, a Igreja conta com vocês, vocês têm um lugar específico na união eclesial". Do mesmo modo, dirigiu-se aos países de maioria católica, talvez um pouco cansados, um pouco adormecidos, como pareciam estar os países ocidentais, para sacudi-los e dizer que o mundo precisa urgentemente de testemunhas do Evangelho. O mundo muda, mas a Igreja permanece "fora" do tempo. O Papa disse uma vez: "Alguns desejariam que a Igreja mudasse o seu ensinamento e que se mostrasse mais compreensiva, mas, se fosse assim, ela deixaria de ser o sal e a luz de que Jesus falou no Evangelho. Não são as coisas fáceis que se hão de propor ao nosso mundo, mas o caminho difícil, aquele que pede sacrifício e esforço e que conduz à felicidade".

5.
CANSAÇO

As viagens apostólicas do Papa, quando estava com boa saúde, eram extenuantes, com programas muito densos. De manhã, muito cedo, na nunciatura ou no bispado que o hospedava, João Paulo II estava na capela para fazer a sua oração pessoal. Recordo que, quando era encarregado das celebrações litúrgicas, Mons. Piero Marini e eu celebrávamos a missa muito cedo, porque depois não tínhamos mais tempo. Aconteceu mais de uma vez de o Papa entrar enquanto celebrávamos. Só nós dois e ele. Ele ficava no fundo, no último banco, fazia a sua oração e nós continuávamos. Uma das primeiras vezes em que isso aconteceu, acho que foi em Zâmbia, cabia a mim a celebração e, no momento da bênção final, fiquei um pouco sem jeito, hesitei. Mons. Marini me sussurrou: "Vai, vai...". Então, dei a bênção e João Paulo II fez tranquilamente o sinal da cruz, como qualquer fiel. Abençoar o Papa provoca certas sensações.

Depois, iniciávamos as jornadas, um *tour de force* sem parada. Também nesses momentos, o seu interesse principal era a oração. Para ele, era importante semear a oração onde quer que fosse. Tudo o que se organizava em torno dela ia bem, participava intensa e atentamente. Mas sua preocupação e concentração estavam em celebrar a missa lá onde as pessoas vivem, sofrem, rezam, crescem na vida cristã – o poder da graça de Deus inserido na vida e na história dos homens. Todo o resto podia até não haver. Acrescentava a humanidade, mesmo com brincadeiras e interpretações de diversas situações que deixavam surpresos os hóspedes,

43

fossem doentes, autoridades ou bispos; sabia-se que eram fruto da longa preparação de cada viagem.

João Paulo II enfrentava as viagens com grande liberdade interior, sem condicionamentos. Muitas vezes os colaboradores faziam considerações sobre a oportunidade ou sobre os riscos de uma viagem. Até para o encontro com um ditador. O Papa nunca se deixou prender por esses pensamentos ditados por motivações de prudência humana ou política. Antes, esteve sempre com grande liberdade, consciente do risco que a sua presença junto a certos personagens poderia ser instrumentalizada por uns e por outros. Prioritário para ele era o anúncio do Evangelho, assim como a celebração dos sacramentos da vida cristã junto com as pessoas. É uma leitura diferente, interior, dos acontecimentos, que vai muito além da crônica. Sabemos bem, por exemplo, como foi preparada a viagem ao Chile e a aparição ao lado do ditador Pinochet. São, porém, acontecimentos que deixaram a marca na consciência do povo de Deus, além da leitura imediata, sociopolítica ou ideológica.

Criticavam-no também pelos custos das viagens. É verdade que produzem uma despesa significativa, assumida pelas Conferências episcopais e pelos Governos que hospedam. Mas é também verdade que, na maior parte dos casos, à parte os países ricos, o Papa levava uma grande ajuda econômica àquelas Igrejas. E, depois, deve-se levar em conta apenas a avaliação econômica? A viagem custa, por isso não se faz? É preciso ler o acontecimento na sua globalidade: há um benefício espiritual ligado à vitalidade das Igrejas locais que vai muito além das despesas. Como se sabe, é sempre a Alitália que leva o Papa de Roma até seu destino e, onde há a companhia nacional, ela também o traz de volta a Roma. Os jornalistas que o acompanham pagam suas passagens e, também, a Santa Sé, e isto equilibra bastante as contas.

44

Parece-me, porém, uma avaliação muito parcial a que se detém nos custos. É preciso também recordar a mensagem de esperança e de reconhecimento dada a certas populações.

Lembro-me da visita a Madagáscar e a La Réunion: dali fomos à República da Maurícia, numa pequena ilha que se chama Rodrigues, perdida no meio do Oceano Índico. Era domingo, e o Papa, num palco de madeira coberto com folhas de milho, único cultivo do lugar, ao final da missa disse: "Agora é a hora da oração do *Angelus*. Vocês sabem que todo domingo em Roma, na Praça de São Pedro, em torno do Papa, se reúne gente de toda a parte do mundo para esta oração mariana, e ali está o coração da Igreja. Pois bem, hoje o coração da Igreja está aqui, porque aqui está o Papa sucessor de Pedro e vocês estão representando o mundo inteiro. Saibam que não estão sozinhos. Foi uma injeção de confiança e de identidade para aqueles pobres pescadores, que se sentiram reconhecidos e sustentados pelo ministério de Pedro".

As viagens eram respostas a convites. A Santa Sé sempre pediu que fossem expressos pelos bispos e pelos governos locais. Na escolha se levava em conta a dimensão geográfica, não indo três vezes seguidas ao mesmo continente ou à mesma região do mundo. Só uma vez, que eu saiba, o Papa expressou o desejo de uma visita: para o Jubileu de 2000 queria fazer a viagem à fonte da fé, de Ur da Caldeia ao Sinai, a Palestina, a Grécia, a Malta. Escreveu isso no documento preparatório do Grande Jubileu *Tertio millennio adveniente*. Eu não era ainda o responsável pelas viagens, mas sei que Pe. Roberto Tucci se dirigiu várias vezes ao Iraque de Saddam Hussein, para organizar a visita a Ur da Caldeia, lugar do início da aliança de Deus com Abraão. As autoridades locais se mostraram disponíveis desde o início, aparentemente; no final, de fato, o projeto se tornou impossível. Então, fez-se depois em Roma uma celebração simbólica, lembrando o mandato de Deus a Abraão: "Sai da tua terra e vai".

Depois, foi organizada a viagem à Terra Santa, particularmente significativa, com o Sinai, Belém, Jerusalém, a missa no Santo Sepulcro. No ano seguinte, 2001, a continuação com a Grécia, Síria, Malta. A viagem em duas etapas, que percorria a difusão do Evangelho. O desejo do Papa foi acolhido de boa vontade e imediatamente por vários governos e Igrejas locais, mas não sem algumas dificuldades no que se refere à Grécia, uma aventura felizmente concluída com frutos significativos. Nunca ouvi João Paulo II dizer: "Quero ir a Moscou". Estava, sim, atento às relações com a ortodoxia, era particularmente sensível ao patriarcado de Moscou, inclusive para a questão da ereção das dioceses católicas no seu território, que criara algumas tensões. Mas nunca soube que quisesse ir a Moscou. Certamente teria ido de boa vontade. Lembro-me de que um dia à mesa se falava das propostas de sede para a próxima Jornada Mundial da Juventude. Ele disse: "Seria bonito fazê-la em Moscou, com o Papa e o Patriarca". Mas era apenas um desejo.

Mas, quando se apresentou a ocasião de dar ao Patriarca de Moscou o ícone da Mãe de Deus de Kazan, João Paulo II ficou muito interessado desde o início e pediu que eu avaliasse todas as possibilidades. De fato, ao organizar uma possível viagem à Mongólia, vimos que o avião passaria exatamente por cima da cidade de Kazan. Então se começou a elaborar um anteprojeto de forma que o avião fizesse uma parada ali, onde o Papa entregaria o ícone ao Patriarca e depois continuaria a viagem. Esse anteprojeto estava sendo posto em andamento e o Papa o seguia com grande interesse. Os preparativos eram feitos com a máxima discrição para evitar interpretações erradas. A certa altura, talvez pela imprudência de alguém, a notícia vazou, e então toda a organização, tecida com grande fineza também pelo núncio apostólico em Moscou, fracassou.

Depois não se fez tampouco a viagem do Papa à Mongólia, porque a sua saúde declinava. De qualquer modo, porém, João Paulo II queria que o ícone fosse dado ao Patriarca. Em substituição ideal do fracassado encontro, entregou o ícone, durante uma audiência geral da quarta-feira, na Aula Paulo VI, ao Cardeal Walter Kasper, então presidente do Conselho para a Unidade dos Cristãos, e depois fomos a Moscou em delegação oficial levá-lo em nome do Papa ao Patriarca, que o guardou na sua capela.

João Paulo II o teve por anos no seu escritório, exatamente diante da mesa de trabalho. O ícone fora dado a ele pela *Armata Azzurra*, Movimento Mundial de Fátima. Indicava a sua devoção mariana, mas também a sensibilidade e atenção para com o mundo ortodoxo. Quantas vezes disse que a Igreja na Europa deve respirar com dois pulmões? Lembro-me de uma conversa na qual alguém disse: "Nós continuamos a fazer gestos de boa vontade e de abertura em relação à ortodoxia, mas às vezes se tem a impressão de que do outro lado não há reciprocidade". O Papa interveio com determinação: "Não importa, é preciso ir em frente, devemos manifestar a nossa boa vontade e a nossa acolhida independentemente dos resultados, porque o Senhor nos pede isto no Evangelho, devemos fazê-lo sem nos cansar".

Tampouco se falou alguma vez de uma viagem à China, que eu saiba. Conhecemos os diversos gestos de boa vontade, as mensagens também indiretas mandadas àquele país, onde havia a realidade delicadíssima dos cristãos ditos clandestinos. O Papa prestava atenção nos fiéis chineses, como foi demonstrado também pela canonização dos seus mártires, que criou tensão com o governo. A situação era de tal maneira emaranhada e difícil, que falar de uma visita a Pequim era impensável. Mas ainda hoje creio que não seria possível propor uma viagem do Papa à China, pelas dificuldades concretas interpostas pelo governo e pela Igreja patriótica.

A segurança do Papa, nos seus deslocamentos, era garantida por um duplo cordão: o primeiro, o mais próximo, formado por dois guardas suíços e quatro policiais do Vaticano junto com os agentes dos serviços de segurança locais. Recebiam sempre a recomendação de serem muito discretos, porque João Paulo II não desejava ter barreiras ao redor dele. Mas, depois do choque do atentado de Ali Agca em 1981, ele mesmo se deu conta de que podia ser arriscado não ter proteção, por isso fora encontrada a fórmula do equilíbrio entre vigilância absoluta e discrição.

O segundo cordão era o dos agentes locais, que garantiam a segurança do Papa, mas se preocupavam também com a das pessoas, centenas de milhares, milhões de pessoas que queriam aproximar-se dele, vê-lo, tocá-lo. Sobretudo nos países ditos de risco se requeria uma atenção extraordinária. Em pelo menos duas viagens preparatórias anteriores à viagem papal, eram feitas sempre reuniões com os responsáveis pela segurança local, aos quais dávamos orientações gerais. Para nós era rotina, para eles, a primeira vez. Habituados a receber chefes de Estado, a presença do Papa não era comparável. Lembro-me do espanto dos dirigentes da Ucrânia, que faziam perguntas do tipo: "Vocês vão chegar quantos dias antes?", "Quantas pessoas vêm com o Papa?". Disseram que o presidente dos Estados Unidos fora precedido por um avião carregado com trezentas pessoas, na semana anterior. Explicamos que o séquito papal era de apenas vinte a vinte e cinco pessoas, mais os jornalistas, e que vinham todos juntos no mesmo avião. Ficaram muito surpresos com isso. Nunca tinham gerido, nem eles nem outros, a presença de um personagem tão importante de modo tão simples. Sobretudo porque o Papa não queria ser impedido de ter contato com as pessoas.

Isso foi possível enquanto João Paulo II teve boa saúde e autonomia de movimentos. Os últimos tempos e as últimas viagens foram mais difíceis. Já na viagem à Polônia, em 2002, estava cansado e marcado pela doença, mas não se poupou em nada, com filas intermináveis de pessoas para cumprimentá-lo. A sua preocupação era não aparecer como um ícone longe das pessoas.

Nunca tivemos indicações particulares de perigos de atentados nas viagens papais, pelo menos naquelas das quais cuidei. Em Banja Luka, na Bósnia, falaram da possibilidade de bomba ao longo do percurso do cortejo. Havia aí o contingente da ONU, que fez as inspeções, mas nada de mais.

João Paulo II nunca se queixava do cansaço das viagens. A gente via que estava cansado, sobretudo nos últimos tempos, quando cada movimento lhe custava grande sacrifício. Para a Jornada Mundial de Toronto, em 2002, por exemplo, fora decidido que ao chegar lá, depois de uma viagem longa e da mudança de fuso horário, descansaria por dois dias numa pequena ilha chamada Strowbery Island, num lago próximo. Estava organizado assim, mas chegaram os bispos mexicanos e disseram: "Já que o Papa está no Canadá, poderia vir ao México para a canonização de Juan Diego, o vidente de Guadalupe". Teria sido a quinta visita; a acolhida daquele povo sempre fora impressionante. Todos eram contra, desde a Secretaria de Estado até o médico. De qualquer modo, do Canadá eram cinco horas de voo e, depois, a Cidade do México fica no alto e dá problemas de pressão. Mas João Paulo II disse: "Visto que estamos aí, podemos ir". Depois vieram também os bispos da Guatemala: "Somos vizinhos, portanto, poderia vir também até nós". Todos foram absolutamente contra: depois de uma semana em Toronto e outros dias no México seria cansativo e perigoso demais para a saúde dele. Mas o Papa aceitou de novo: "Sim, vamos também à Guatemala".

O fato de não se poupar, a dedicação total que se via no jovem Papa sessentão, cheio de vida, atlético, o acompanharam até o fim, mesmo quando já não teria podido ou devido enfrentar tanto cansaço. "É bonito empregar-se até o fim pela causa do Reino de Deus", tinha dito. Creio que seja um pouco esta a explicação do fato de nunca ter desistido, apesar das dificuldades evidentes dos últimos tempos.

6.
AMIGOS

Pe. Estanislau Dziwisz, atual cardeal arcebispo de Cracóvia, foi a sombra de João Paulo II por mais de quarenta anos: uma vida em simbiose. Um conhecia o outro nos mínimos detalhes, numa confiança recíproca total. Sempre me admirei ao ver a devoção, o afeto e a delicadeza com que Pe. Estanislau seguia o Papa. Acusaram-no de ter sido excessivamente poderoso. Digo simplesmente que o Papa, qualquer Papa, deve ter confiança em alguém. Deve ter alguém perto em quem se apoiar. Aquela familiaridade de mais de quarenta anos criou um conhecimento de tal modo profundo, que permitiu que o secretário interpretasse fielmente o pensamento do Pontífice. Nas reuniões dos últimos anos, João Paulo II tinha dificuldade de se exprimir, acompanhava tudo em silêncio, escutava, depois Pe. Estanislau fazia a síntese: "Santo Padre, podemos fazer desse modo?". E ele confirmava ou corrigia. Entre eles havia uma relação familiar de grande intimidade.

Mais perto do fim, ao lado de Pe. Estanislau havia Pe. Mietek, atual arcebispo de Leópolis dos Latinos, jovem sacerdote ucrânio-polonês: os dois foram os anjos da guarda do Papa nos últimos anos. Porque, além do trabalho da secretaria, havia ainda a assistência material. O Papa era então completamente dependente. Quando entrei para o seu serviço em 1989, era atlético e independente, se percebia o incômodo que sentia se alguém o tocasse querendo ajudar. Pouco a pouco se tornou dependente em tudo, realmente em tudo. Foi exigido dele um exercício de despojamento de si, de conversão: de forte e robusto, a fraco e necessitado de ajuda.

As pessoas que mais o ajudaram e sustentaram nessa passagem foram os dois secretários, juntamente com as irmãs polonesas do apartamento pontifício, em particular Ir. Tobiana, a responsável pela pequena comunidade de cinco religiosas, que naquele período final foi também a enfermeira do Papa, seguindo-o nas últimas viagens. Ao homem do gesto e da palavra, que em quase vinte e sete anos de pontificado pronunciou milhares de discursos, que admirava o mundo com os seus trejeitos simpáticos e as piscadelas de olho para os jovens, como em Roma, quando fez a ola com os rapazes, ou a corrente humana no palco em Manila... coube esta sorte.

Do Papa que fez do gesto e da palavra as características do seu serviço petrino, o Senhor pouco a pouco tirou primeiro a possibilidade de fazer gestos, depois a de falar. Creio que foi um grande percurso de despojamento, que para ele não deve ter sido fácil. No início, só usava o bastão. A bengala, em particular, quando ia à Aula Paulo VI, era deixada atrás da porta. Depois a aceitou, exorcizando-a em Manila com a imitação de Charlie Chaplin. A seguir veio o estrado móvel, depois a cadeira de rodas disfarçada de poltrona.

Deve ter-lhe custado muito. Ficou claro, por exemplo, na viagem à Síria em 2002. João Paulo II andava ainda com o bastão. Ao descer a escada do avião em Damasco, sentiu cansaço e quase tropeçou. Teve um gesto de raiva pelo fato de o corpo não responder mais aos estímulos do cérebro, batendo com força com o bastão no chão e quebrando-o. Ficou com o cabo na mão. Imediatamente os guardas do séquito foram de carro comprar outro. Reação muito humana e compreensível de uma mente vivaz e ativa num corpo que não respondia, que se tornava sempre mais rígido, sempre mais lento.

Na homilia por ocasião do 25º ano de pontificado, em outubro de 2003, disse: "Continuarei enquanto o Senhor quiser. Embora limitado, vou em frente". Foi uma grande mensagem. Nas correspondências que chegavam à Secretaria de Estado, tantas pessoas escreviam: "Eu também estou doente, às vezes sou tomado pelo desespero e pelo desconforto, mas ver que o Papa vai em frente, apesar de tudo, me dá coragem e procuro me manter firme". Não foi um sofrimento ostentado, mas certamente se tornou público, não ficou escondido. Como ao não conseguir mais ler os discursos, que eram confiados ao substituto da Secretaria de Estado. Creio que tudo se reduz àquela afirmação já lembrada: "É bonito gastar as suas forças até o fim pela causa do Reino de Deus".

Mesmo mantendo todas as suas faculdades intelectuais, João Paulo II estava debilitado no final. Alguém tirou proveito disso? Tudo é possível. Também no Vaticano há homens, com as suas glórias, misérias e ambições. E com isto não quero justificar nada, fique bem claro. Não posso excluir que tenha havido alguém que levasse em frente uma linha pessoal. Não diria que o Papa não estivesse em condições de governar a Igreja e não acompanhasse as coisas. Certamente, a sua situação física limitava muito a sua atividade. Parece-me que seria uma falta de consideração para com os seus colaboradores, e não falo apenas de Pe. Estanislau, mas também da Secretaria de Estado, dizer que se tenham aproveitado da situação de saúde do Papa. Creio que, honestamente, não se pode dizer isso.

O problema da pedofilia explodiu depois da morte de João Paulo II. Sabemos, porém, como já durante o seu pontificado havia documentos da Congregação para a Doutrina da Fé nos quais se ditavam linhas de conduta e indicações aos bispos sobre como enfrentar a questão. Também a Congregação para o Clero se ocupou do assunto. Não me parece correto dizer que João Paulo II tenha querido esconder algo. A pedofilia foi enfrentada com grande determinação pelo Papa Bento XVI, inclusive porque veio à luz em toda a sua gravidade depois da morte de Wojtyla. Antes havia apenas cá e lá episódios e denúncias sempre sancionadas. Uma vez estávamos em viagem quando explodiu o caso de um bispo norte-americano cuja homossexualidade fora descoberta. O Papa se decidiu pelas demissões imediatas. Houve casos em que interveio diretamente, sem hesitações. Mas a profundidade do fenômeno emergiu apenas depois.

O Cardeal Joseph Ratzinger, prefeito da Congregação da Doutrina da Fé, foi o interlocutor teológico em relação ao qual o Papa sempre manifestou grande respeito e grande consideração, seja na redação dos documentos, seja nos encontros. De suas relações só se sabe da grande confiança recíproca. Sei, como todo o resto, que, quando o cardeal lhe pediu para sair porque se sentia cansado, João Paulo II lhe disse: "Fica pelo menos enquanto eu estiver". Havia entre eles um confronto contínuo sobre os temas teológicos, em plena sintonia.

O Cardeal Sodano foi secretário de Estado por quase todo o pontificado de Karol Wojtyla. O Papa o escolheu primeiro como secretário da seção para as relações com os Estados, Ministro do exterior, em suma, nomeando-o depois secretário de Estado com a morte do Cardeal Agostinho Casaroli. Um longo serviço fiel. Com a sua personalidade e o seu modo de ser. Nunca vi dificuldades de relações entre ele e o Papa, antes, exatamente o contrário. Entre os dois havia respeito e devoção recíprocos. Mons. Re, antes, e Mons. Sandri depois foram seus substitutos. Eram os que estavam mais próximos dele. Certamente, Sodano e Re foram os grandes intérpretes do governo de João Paulo II, no que diz respeito à Cúria e ao aspecto institucional. Embora seja difícil falar de intérpretes das linhas do pontificado: o Papa as interpretava sozinho, não tinha necessidade de intermediários, era ele mesmo quem falava e agia com palavras e gestos particularmente significativos.

Agrada-me recordar também o Cardeal francês Roger Etchegaray, o construtor de pontes. Quando era presidente do Pontifício Conselho Justiça e Paz, era um pouco o embaixador pessoal do Papa, tanto que se falava de diplomacia paralela, ao lado daquela das nunciaturas. Realizava missões particulares e delicadas, como a última, a de Saddam Hussein, para procurar esconjurar a guerra no Iraque. Com aquela sua simpatia e um modo quase poético de interpretar as coisas e os problemas, conseguia abrir portas, em nome do Papa, lá onde outras formas mais clássicas de diálogo nem sempre tinha êxito. Tinha um carisma pessoal e único de entrar em sintonia com certos personagens, sobretudo nos casos de maior aflição.

Falou-se muito das relações de João Paulo II com o Cardeal Carlo Maria Martini. Quase sempre as contrapondo. Tenho a impressão de que se trata de um exagero jornalístico. Conheci bem Martini, tendo contato com ele até os seus últimos meses de vida, e sempre vi nele uma atitude de grande comunhão para com o Papa. Seria fazer injustiça a ele querer apresentá-lo, como se fez, como uma espécie de antipapa. Tinha uma visão de futuro, tantas vezes um pouco provocadora, dava voz a pedidos, sensações, exigências que nasciam cá e lá dentro do corpo eclesial. Não penso que honestamente se possa dizer que Martini jamais quisesse ser colocado como antagonista do Papa. É verdade que o apresentaram assim, também no interior da Cúria, onde havia quem não perdesse a ocasião para lembrar as tomadas de posições de Martini sobre temas diversos, quase em contraposição com João Paulo II. Parece-me que nunca esteve no coração do cardeal a ideia de fazer um magistério alternativo, pelo contrário. Certamente, dava voz a instâncias e visões de Igreja que no momento podiam causar um pouco de surpresa. Mas eram a sua grande liberdade e a paixão de pastor que o induziam a escutar o sentir da comunidade cristã.

7.
ESPERANÇA

"Com os meus quase oitenta anos, procuro manter-me jovem e me encontro com os jovens de toda parte: de Roma a Buenos Aires, a Santiago de Compostela, a Czestochowa (Polônia), a Denver, a Manila, a Paris, e depois de novo em Roma. Estes jovens me acolhem, ficam contentes porque eu estou com eles, não veem os meus anos, me rejuvenescem! E desejo isto também a todos vocês. É bonito ser jovem, porque há uma perspectiva: a juventude é o tempo da perspectiva, porque se olha para o futuro. Mas, quando se tem oitenta anos, há uma perspectiva? Sim, se vê a vida eterna... A ressurreição é uma grande esperança na vida imortal em Deus. Desejo isto a todos. Obrigado a todos os jovens... jovens, e aos jovens mais anciãos, como eu!" (Aos jovens da paróquia de Jesus Adolescente, Roma, 29 de março de 1998).

Não há viagem apostólica, visita pastoral a uma paróquia ou audiência semanal em que João Paulo II não se encontre com os jovens, não dirija a eles a palavra ou não os comprometa em algo. É evidente que fez dos jovens uma verdadeira opção preferencial: "Vocês são a esperança da Igreja, vocês são a minha esperança".

"Quando encontro os jovens, em qualquer lugar do mundo, espero antes de tudo o que virão dizer-me deles, da sua sociedade, da sua Igreja. E sempre os deixo conscientes disto: não é absolutamente mais importante o que eu disser a vocês; importante é o que vocês dirão a mim". Estas palavras, tiradas de um dos capítulos mais intensos de *Transpor o limiar da esperança*, resumem de maneira eficaz o significado mais profundo da pastoral do Papa para o mundo juvenil. Antes da palavra vem a escuta, antes da mensagem, a disponibilidade de decifrar as esperanças e as inquietações que atravessam as jovens gerações.

O Papa pede aos jovens que se interroguem, se perguntem por quê, que descubram quem são. Desafia-os a ter a coragem de se comprometer pela verdade: "Não sufoqueis a vossa consciência! Ela é o núcleo mais secreto e o sacrário do homem. Não deturpeis a imagem de Deus em vós... amai a vossa vida como um compromisso e uma vocação"; anima-os a buscar a beleza: "O mundo visível é como um mapa que mostra o céu, a morada eterna do Deus vivo. Aprendamos a ver o Criador contemplando a beleza das suas criaturas"; chama-os a participar em primeira pessoa: "Convidai para o banquete todos aqueles com quem vos encontrardes... a esta altura da história a mensagem libertadora do Evangelho da vida foi posta nas vossas mãos... A Igreja precisa de cada um de vós... o mundo precisa de vós"; diz a eles que têm razão em procurar que a verdade seja encarnada, concreta na alegria e na dor, aqui e agora: alegria e Deus não são abstrações, mas vida eterna; e os desafia a comunicar aos outros, em todos os cantos da terra, a experiência inefável da santidade de Deus que vive na Igreja.

O Papa consegue interessar os jovens e estes o escutam e o seguem. Talvez nem sempre captem toda a densidade e a riqueza da sua mensagem, mas basta que eles saibam que ele os convoca, os ama, precisa deles, os envia. E eles respondem com entusiasmo e com alegria. São jovens sérios e preocupados, realistas, reflexivos, que oram, mas, ao mesmo tempo, são jovens normais que celebram a vida e a cantam, creem no homem e esperam concretamente um mundo novo, desejam participar ativamente na missão evangelizadora da Igreja e na construção de uma sociedade nova.

João Paulo II é exigente. Para alguns, até demais. Mas a sua exigência é a exigência concreta do Evangelho acompanhada da dramática urgência que agora estamos vivendo. Para alguns, pode até dar a impressão de um excessivo rigor na doutrina, mas os jovens gostam das ideias claras, das metas definidas e das propostas concretas. João Paulo II é para os jovens um mestre e um amigo. E eles estão bem com um mestre seguro e um amigo sincero.

Paulo VI escrevia na exortação apostólica *Evangelii nuntiandi* que o mundo de hoje precisa mais de testemunhas do que de mestres. Encontramos nestas palavras a explicação por que os jovens são sensíveis à presença e à palavra do Papa: eles veem que João Paulo II vive em primeira pessoa tudo o que propõe. Esta é a força do seu ensinamento, quando pede que eles levem a sério a amizade com Cristo, o compromisso na Igreja, o serviço aos irmãos. O Papa confia nos jovens e os jovens confiam no Papa: é tudo. Existe entre eles um *feeling* particular; eles sabem que o Papa conta com eles; sabem que podem contar com ele, com a fidelidade e sinceridade do seu afeto.

É verdade: como para todos, o tempo passou também para o Papa. No rosto de João Paulo II se viam os sinais dos anos e de uma vida doada inteiramente, sem reservas, ao serviço da Igreja. Mas um olho atento e dedicado sabe ver, para além daquelas rugas, uma juventude toda interior, que conserva o frescor e a verdade do coração e do espírito em quem entregou toda a existência a um Deus que é sempre jovem. Captou isso muito bem Kornél, o rapaz húngaro que em Manila disse a João Paulo II: "Não é a idade que conta, tampouco é o bastão no qual o senhor se apoia faz algum tempo; é a sua juventude de espírito que se alimenta da relação profunda com Deus através da oração. Agradecemos por ter tido a coragem de permanecer jovem em espírito na nossa sociedade demasiado adulta".

Os jovens sentem tudo isso e a eles basta para escutar, compreender e amar o Papa que, ainda que mais velho do que eles, os escuta, os compreende, os ama. Como um amigo.

8.
JORNADA MUNDIAL
DA JUVENTUDE – JMJ

"Na noite de ontem, provavelmente o Papa tinha em mente os jovens por ele encontrados em todo o mundo ao longo do seu pontificado. De fato, parecia fazer referência a eles quando, em suas palavras, em várias ocasiões, se podia reconstruir a seguinte frase: 'Eu vos procurei. Agora vós viestes a mim. Eu vos agradeço'."

São as últimas palavras anotadas de João Paulo II, o último pensamento seu voltado ao seu serviço apostólico e pastoral, antes de entrar, tendo voltado a ser simplesmente homem, na contemplação do Mistério divino, humilde criatura diante do seu Criador. Assim foi relatado pelo diretor da Sala de Imprensa da Santa Sé, Joaquin Navarro Valls, em 2 de abril de 2005, dia da morte do Papa.

É a sua última mensagem, e é dirigida aos jovens, àqueles jovens que ele mesmo tinha envolvido numa aventura ao redor do mundo, por caminhos que ninguém jamais percorrera; àqueles jovens que, reconhecendo nele o homem de fé, mas também o homem atento aos outros homens, lendo nos seus olhos a autenticidade da sua amizade, se puseram a caminho e deram vida, junto com ele, àqueles acontecimentos que ainda hoje olhamos com admiração e fascínio: as Jornadas Mundiais da Juventude.

Guiados pelos caminhos do mundo pela cruz do Ano Santo, os jovens deram vida a uma peregrinação que marcou o fim do segundo milênio da Era Cristã e o início do terceiro. A partir do convite de Roma em 1984: "Vai, vende tudo o que tens, dá-o aos pobres, depois vem e segue-me", o caminho se transformou em longas vias nem sempre fáceis, enfrentando com coragem o cerne dos problemas. Na história das Jornadas Mundiais, dois aspectos se entrelaçaram: o pôr-se dentro de uma história de séculos com uma peregrinação para o santuário que guarda uma mensagem e uma riqueza espiritual, bem como o caminhar na cidade, no coração do mundo moderno, em busca da imagem de Deus no rosto do homem, do homem santuário de Deus.

Assim, em Buenos Aires, em 1987, as expectativas de justiça social. Em Santiago de Compostela, em 1989, peregrinos com Jesus para aprender a caminhar junto com ele. Depois da queda do Muro de Berlim, foi em Czestochowa, em 1991, o desafio da nova Europa do Leste. Depois em Denver, 1993, a busca de Cristo no coração da sociedade pós-moderna, nas metrópoles feitas de arranha-céus. Depois em Manila, na Ásia, em 1995, o desafio das terras abertas à nova evangelização. Paris, em 1997, está ao mesmo tempo no coração da Europa cristã e na fronteira da secularização e do confronto multicultural.

O encontro de Roma, durante o Grande Jubileu do ano 2000, foi a volta às raízes da fé e a prova de que, depois de vinte séculos, o anúncio do Evangelho entusiasma ainda o coração de pessoas de todas as idades, em todo canto da terra. Continua no novo milênio com os encontros de 2002, em Toronto, de novo no coração da moderna sociedade multicultural, e de 2005, em Colônia; encontro, este último, pensado e preparado por João Paulo II, quase um presente para o seu sucessor, Bento XVI.

Acerca da relação particular e privilegiada entre João Paulo II e os jovens, está na hora de escutar diretamente o Santo Padre: "Sempre me senti muito próximo dos jovens. Eles levam em si possibilidades muito grandes. Não se pode não amá-los. Penso que eles querem se encontrar com cada um de nós neste ponto decisivo de referência. O amor, de fato, é a afirmação da pessoa, a afirmação do homem na sua humanidade. Os jovens precisam dessa afirmação. São particularmente sensíveis a ela. E nisto se baseia, sobretudo, o acordo com eles". São palavras de confirmação e que explicam a singular atmosfera de amizade, de alegria, mas também de atenção profunda que caracteriza os encontros do Papa com os jovens.

Como nascem, então, as Jornadas Mundiais da Juventude? Dois encontros especiais e uma carta constituem a sua premissa. O primeiro encontro é o Jubileu Internacional dos Jovens, celebrado em Roma, na Praça de São Pedro, de 12 a 14 de abril de 1984, durante o Ano Santo Extraordinário da Redenção.

Uma procissão de velas pela Via da Conciliação abre o Jubileu dos Jovens. Cerca de sessenta mil se reúnem na Praça de São Pedro para a inauguração das celebrações. "Acolhei a alegria, a liberdade e o amor de Jesus", diz-lhes o Santo Padre.

Dois dias depois, sempre na Praça de São Pedro, se realiza a assembleia geral com mais de trezentos mil jovens. "Eliminai o mal, escolhei a vida", diz o Papa convidando os jovens a tirarem do Redentor a força para conduzir a humanidade ao início do terceiro milênio.

Alguns dias depois, em 22 de abril, no momento do encerramento do Ano Santo, o Papa entrega aos jovens a grande cruz que presidira as cerimônias do Jubileu na Basílica de São Pedro, confiando-lhes a missão de anunciar ao mundo o amor do Pai e de proclamar que só em Cristo se encontra a salvação dos homens, a paz autêntica, a felicidade para si mesmos e para o próximo. "Meus queridos jovens, na conclusão do Ano Santo, eu confio a vocês o sinal deste

Ano Jubilar: a cruz de Cristo! Carreguem-na pelo mundo como um símbolo do amor de Cristo pela humanidade, e anunciem a todos que somente na morte e ressurreição de Cristo podemos encontrar a salvação e a redenção". Um gesto simples, concreto, mas cheio de consequências e de valores simbólicos: a cruz é colocada no centro da vida dos jovens, torna-se a cruz dos jovens. Esse gesto dá início a uma série de acontecimentos que se entrelaçará estreitamente com o que ocorre nas Jornadas Mundiais da Juventude, mas terá ao mesmo tempo uma vida autônoma e extraordinária. A partir de então aquela cruz fez mais vezes a volta ao mundo e presidiu os grandes encontros dos jovens com o Papa. A sua peregrinação ao redor do mundo constitui um percurso que tem diversos níveis – local, diocesano, nacional, internacional – e que envolve centenas de milhares de jovens. O que é proposto aos jovens é acolher a cruz, "primeira letra do alfabeto de Deus", e ficar ao lado dela ao longo do caminho da vida para retomar fôlego e amor: fôlego para continuar e amor para entender. A cruz é o Crucificado: é na cruz que se encontram a miséria do homem e a misericórdia de Deus.

O ano de 1985 foi proclamado pelas Nações Unidas "Ano Internacional da Juventude". Ainda não passou sequer um ano desde o Jubileu dos Jovens, mas se decidiu propor de novo um grande encontro em Roma nos dias 30 e 31 de março.

"Sois chamados a construir a paz." Aos jovens de setenta países, reunidos na tarde de sábado na Praça de São João no Latrão, o Papa fala da participação em todos os níveis à qual as novas gerações são chamadas. "Queremos fazer da paz no mundo o nosso compromisso permanente" é a mensagem de João Paulo II. "Não queremos transpor o limiar do terceiro milênio levando atrás de nós canhões e ruínas".

Mais uma vez, mais de trezentos mil jovens provenientes de todo o mundo participam da celebração.

Depois de uma noite passada com três vigílias de oração, na manhã de 31 de março ocorre o grande encontro na Praça de São Pedro para celebrar o Domingo de Ramos. Aqui o Papa faz um anúncio de surpresa: uma carta apostólica particular, *Parati semper*, dirigida a todos os jovens. "Estejam sempre preparados para responder a qualquer um que lhes pedir a razão da vossa esperança" é o tema da carta, dirigida aos jovens do mundo por ocasião do Ano Internacional da Juventude. Nessa importante carta, são retomados com vivacidade e frescor os temas centrais do seu magistério, mostrando ainda uma vez como o mundo juvenil é interlocutor privilegiado da sua missão pastoral.

O documento não tem uma estrutura interna particularmente evidente, mas parece quase uma longa e apaixonada conversa com os jovens e desenvolve longamente o comentário ao episódio evangélico do encontro de Jesus com o jovem rico, retomado sucessivamente por João Paulo II também em outros documentos importantes, como a encíclica *Veritatis splendor*.

Uma mensagem de esperança e de compromisso através do qual o Santo Padre recorda como a Igreja atribui ao período da juventude uma importância particular, porque nela residem as esperanças para o futuro da humanidade e da própria Igreja. Significativamente, o Papa não fala só aos jovens cristãos, aos quais é dedicado um parágrafo final, mas convida todos os jovens do mundo, qualquer que sejam os seus princípios religiosos, a construir a paz na solidariedade, a preparar-se para enfrentar comunitariamente os desafios do novo século, a se empenhar em construir juntos a nova civilização da verdade e do amor. É um ponto importante, porque as jornadas não se dirigem exclusivamente aos cristãos ou aos católicos, mas, como teria dito João XXIII, a todos os jovens de boa vontade. Tampouco faltam, no longo pontificado de João Paulo II, encontros incomuns para um Papa católico, mas que revelam ainda uma vez a atenção de todo o mundo juvenil. Citamos, entre os outros, o encontro com os jovens marroquinos no estádio de Casablanca, em 19 de agosto de 1985, ou o encontro com os estudantes da Universidade islâmica al-Azhar do Cairo, em 25 de fevereiro de 2000.

Em 20 de dezembro de 1985, durante o encontro para os votos de Natal com o colégio cardinalício e a Cúria, ao fazer referência ao encontro de março, o Santo Padre institui a Jornada Mundial da Juventude: "O Senhor abençoou aquele encontro de modo extraordinário, de tal modo que, para os anos vindouros, foi instituída a Jornada Mundial da Juventude, a ser celebrada no Domingo de Ramos, com a valiosa colaboração do Conselho para os Leigos". No mesmo discurso são delineadas com precisão as linhas pastorais, educativas e, poder-se-ia dizer, existenciais que as jornadas deveriam seguir: "Todos os jovens devem sentir-se seguidos pela Igreja: por isso toda a Igreja, em união com o sucessor de Pedro, se sente sempre mormente comprometida, em nível mundial, em favor da juventude, das suas ânsias e solicitudes, das suas aberturas e esperanças, para corresponder às suas expectativas, comunicando a certeza que é Cristo, a verdade que é Cristo, o amor que é Cristo, mediante uma apropriada formação, que é forma necessária e atualizada de evangelização. Os jovens esperam; estão iludidos por demasiados não cumprimentos no plano civil, social e político; julgam de maneira clara e crítica; no final deste ano há cá e lá sintomas de uma expectativa maior, que não deve ser ignorada pela Igreja, que mira os jovens com esperança e amor".

O ano de 1986 é, portanto, o ano da primeira Jornada Mundial da Juventude. Não um grande encontro, embora a participação na Praça de São Pedro seja notável, mas uma celebração diocesana, como será depois costume nos anos seguintes: os grandes encontros devem ser seguidos pelo compromisso cotidiano; a experiência extraordinária deve encarnar-se no ordinário, na vida de todos os dias. "Através da cruz e da ressurreição, Cristo dirige a cada um de nós o chamado: 'Segue-me'." Esta é, numa síntese extrema, a mensagem daquela primeira jornada, o início da caminhada.

Dez anos depois, numa mensagem dirigida aos participantes num seminário de estudos dedicado às jornadas, João Paulo II escreve: "Antes de tudo, como não dar graças a Deus pelos numerosos frutos que, em níveis distintos, brotaram das Jornadas Mundiais da Juventude? Desde o primeiro encontro, celebrado na Praça de São Pedro, no Domingo de Ramos de 1986, consolidou-se uma tradição que alterna, de ano em ano, um encontro mundial e outro diocesano, sublinhando o indispensável dinamismo do compromisso apostólico dos jovens, tanto na dimensão local como universal. As jornadas, acolhendo uma iniciativa proposta pelos próprios jovens, nasceram de um desejo de oferecer-lhes significativos 'momentos de pausa' na constante peregrinação da fé, que se alimenta também mediante o encontro com os coetâneos de outros países e o intercâmbio das respectivas experiências. A finalidade principal das jornadas é colocar Jesus Cristo no centro da fé e da vida de cada jovem, para que seja o ponto de referência constante e a luz verdadeira de cada iniciativa e de toda tarefa educativa das novas gerações. [...] Por este motivo os jovens são convidados periodicamente a se fazerem peregrinos pelos caminhos do mundo. Neles a Igreja vê a si mesma e sua missão entre os filhos dos homens; com eles acolhe os desafios do futuro, consciente de que toda a humanidade necessita de uma renovada juventude de espírito. Esta peregrinação do povo jovem constrói pontes de fraternidade e de esperança entre os continentes, os povos e as culturas. É um caminhar sempre em movimento. Como a vida. Como a juventude". Como se vê, o caminho estava traçado claramente desde o princípio. A caminhada se torna peregrinação através das vias do mundo. No dia 8 de junho é anunciada que a segunda Jornada Mundial da Juventude será em Buenos Aires. No dia 30 de novembro é difundida a mensagem para a Jornada Mundial da Juventude de 1987: "Assim conhecemos o amor que Deus tem por nós e confiamos nesse amor" (1Jo 4,16).

Na tarde de sábado, 11 de abril de 1987, vigília do Domingo de Ramos, o Papa está no centro de Buenos Aires. Estão presentes cerca de um milhão e oitocentos mil pessoas. A Argentina é um país no qual as feridas de experiências dolorosas ainda não estão cicatrizadas. Nessa terra, João Paulo II, depois de ter convidado os jovens a se oporem a tudo o que possa atentar contra uma convivência fraterna, fundada sobre os valores da paz, da justiça e da solidariedade, diz: "Que o irmão não vá mais contra o irmão, que não haja mais nem sequestrados nem desaparecidos, que não haja mais ódio que leve à violência, que a dignidade da pessoa humana seja sempre respeitada".

O Papa dirige o seu apelo aos jovens em particular: "Estejais dispostos a empenhar diariamente a vida para transformar a história. O mundo precisa, hoje mais do que nunca, da vossa alegria e do vosso serviço, da vossa vida límpida e do vosso trabalho, da vossa fortaleza e do vosso compromisso, para construir uma nova sociedade mais justa, mais fraterna, mais humana e mais cristã: a nova civilização do amor, que se desdobra no serviço a todos os homens. Construireis assim a civilização da vida e da verdade, da liberdade e da justiça, do amor, da reconciliação e da paz".

Junto com a Jornada Mundial da Juventude nasce o Fórum Internacional dos Jovens: trata-se de um encontro organizado pelo Pontifício Conselho para os Leigos, com alguns dias de duração, para o qual são convidados dois jovens que representam cada Conferência episcopal, além dos delegados dos grupos mais importantes, movimentos e associações juvenis católicas. Junto com eles, um pequeno grupo de hóspedes que, em todo o mundo, trabalham no campo da pastoral juvenil: seguiram com atenção os trabalhos como "observadores" e deram a sua contribuição como "testemunhas" do nosso tempo.

O Fórum não é um congresso nem um seminário de estudos, mas uma experiência de fé, uma possibilidade de conhecer a Igreja na sua dimensão universal, um tempo de escuta, de pesquisa e de diálogo para confirmar o propósito e a vontade de se tornar cada dia mais discípulo do único Mestre; é uma ocasião única de formação para os que são chamados a desempenhar algumas responsabilidades no âmbito da pastoral juvenil. Alguns dias de vida comum, caracterizados por tons aflitos dos jovens chamados a darem testemunho das realidades – duras e exaltadoras ao mesmo tempo – das suas Igrejas locais e dos seus países, mas também das vozes calmas e submissas da oração e da partilha.

Este primeiro encontro se propunha como tarefa a análise da realidade juvenil em nível mundial, através do trabalho de cinco grupos, e a comunicação das conclusões numa assembleia geral. A experiência é positiva, embora resulte evidente a necessidade de um confronto mais amplo, de uma representatividade maior (são menos de quarenta os países representantes) e de mais tempo à disposição: mas a semente foi lançada.

O encontro internacional seguinte, por ocasião da IV Jornada Mundial da Juventude, foi no Monte del Gozo, em

Santiago de Compostela, na Espanha, em torno do Santuário de São Tiago em 19 e 20 de agosto de 1989. "Se vocês calarem, as pedras gritarão!", disse João Paulo II. É ali, em Santiago, que se encontram as próprias raízes da Europa cristã, porque ali cada pedra fala do poder da fé de gerações inteiras de peregrinos. Naqueles dias de agosto, mais de meio milhão de jovens testemunharam que a peregrinação não é uma prática religiosa superada, mas é um meio para descobrir Cristo na nossa vida.

"Chegou a hora de empreender uma nova evangelização" – disse o Papa aos jovens – "e vós não podeis faltar a este importante apelo. Neste lugar dedicado a São Tiago, o primeiro dos apóstolos que deu testemunho da fé através do martírio, nós nos comprometemos a aceitar o mandato de Cristo: sereis minhas testemunhas até os confins da terra."

E ainda: "A palavra 'caminho' está muito ligada à ideia de busca. Peregrinos, o que buscais? Todos nós aqui presentes devemos fazer-nos esta pergunta. Sobretudo vós, caros jovens, que tendes toda a vida diante de vós. Exorto-vos a decidir de modo definitivo a direção do vosso caminho. Com as próprias palavras de Cristo vos pergunto: 'O que buscais? Buscais a Deus?'. A tradição espiritual do Cristianismo não apenas sublinha a importância da nossa busca de Deus, mas põe em evidência algo ainda mais importante: é Deus quem nos busca. Ele vem ao nosso encontro. O nosso Caminho de Compostela significa querer dar uma resposta às nossas necessidades, às nossas perguntas, à nossa busca, e também ir ao encontro de Deus, que nos busca com um amor tão grande que dificilmente conseguimos compreender".

Caem, entretanto, as fronteiras artificiais impostas por décadas pelos blocos de poder opostos. Assim, na VI Jornada Mundial da Juventude, em 14 e 15 de agosto de 1991, em Jasna Gora, no santuário da Virgem Negra de Czestochowa, reuniram-se jovens do Ocidente e do Oriente. Dos territórios da ex-União Soviética chegaram mais de cem mil jovens, vieram também aqueles que tinham esquecido o Pai-Nosso e o sinal da cruz. Trouxeram a sua fome de Deus, a vontade de rezar para a Virgem Santíssima e também o desejo de ver Pedro, o Papa de Roma, o amigo dos jovens.

Procissões de todas as nações se aproximam, cantando e rezando, do santuário da Virgem, onde o Papa está para celebrar a Eucaristia. A seus olhos se apresenta um cenário belíssimo, uma multidão imensa, variada, que aguarda a sua chegada com cantos e orações.

João Paulo II começa a homilia com uma citação do Novo Testamento: "Todos os que são conduzidos pelo Espírito de Deus são filhos de Deus" (Rm 8,14). E recebe imediatamente grande aplauso. Depois exorta os jovens ocidentais a estarem atentos ao esvaziamento dos valores e ao descompromisso. "O fenômeno da droga" – adverte o Papa – "é um símbolo desse profundo extravio. O desinteresse pela política trai em muitos o sentido de impotência na luta pelo bem".

Czestochowa foi um momento muito importante do pontificado de João Paulo II por diversos motivos: a alegria e a surpresa de um encontro há muito tempo desejado e esperado entre Leste e Oeste e, assim, providencialmente realizado quase com normalidade; o sentido de fraternidade evangélica e de solidariedade universal entre jovens de diversos países e culturas; o sentido da peregrinação que já era muito forte em Santiago de Compostela, mas que aqui assumiu características novas por causa da variedade dos participantes; a presença dos bispos, a sua proximidade, simplicidade e afeto com relação aos jovens; enfim, era evidente que o Papa se sentia particularmente à vontade ao encontrar os jovens na sua própria terra.

A mensagem para a VIII Jornada Mundial da Juventude tem como tema: "Eu vim para que tenham vida, e a tenham plenamente" (Jo 10,10). A celebração ocorre de 12 a 15 de agosto de 1993, em Denver, nos Estados Unidos, no coração da cidade moderna. As majestosas Montanhas Rochosas acolhem os muitíssimos jovens que chegam também a pé, cantando juntos *"We are One Body"*, o hino da jornada.

O Papa convida os jovens a escutarem a voz do Bom Pastor e a segui-la, a formar bem as suas consciências para poderem ser a luz do mundo, para evangelizarem e serem corajosos e generosos assim como o são os missionários. Centenas de milhares de velas iluminam a noite na conclusão da vigília. Meio milhão de mãos se unem ao canto do hino. Os jovens sentem o grande amor de João Paulo II por eles e o retribuem com força gritando e ritmando: *"John Paul II! We Love you!"*, *"Giovanni Paolo II noi ti vogliamo bene!"* O Papa responde imediatamente: *"John Paul II He loves you!"*, *"Giovanni Paolo II vi vuole bene!"* e fica mais tempo que o previsto no palco, cercado por uma multidão comovida, improvisando palavras de encorajamento e de afeto nas diversas línguas.

A X Jornada Mundial da Juventude é celebrada em Manila, nas Filipinas. É o mês de janeiro de 1995. São milhões os jovens que acorreram ao chamado do Santo Padre, que o aclamaram, que acolheram com atenção e confiança a sua mensagem. Foi, até hoje, a reunião mais numerosa: talvez – fala-se de mais de cinco milhões de pessoas reunidas no Luneta Park – o maior encontro em toda a história da humanidade.

João Paulo II traça as linhas de um novo caminho: "A Jornada Mundial da Juventude pode ser, para todos, uma ocasião para descobrirem a sua vocação, para discernirem o caminho particular que Cristo coloca diante de vocês. A busca e a descoberta daquilo que Deus quer para vocês é uma experiência profunda e fascinante". Num clima de intensa pregação e reflexão profunda, o Papa ajuda os jovens a entenderem o milagre de Pentecostes nos seus três aspectos: santidade, comunhão e missão. Exatamente destes três aspectos a Igreja precisa hoje: o testemunho dos santos, a unidade dos crentes e o dinamismo dos missionários.

O Santo Padre exige muito dos jovens que estão reunidos para ouvi-lo e eles encontram nele o olhar amoroso de Jesus e sentem o seu ânimo paterno. No final, cada um dos rapazes presentes se tornará testemunha das palavras de Jesus: "Como o Pai me amou, assim também eu vos amei". "Como o Pai me enviou, assim eu vos envio."

No Fórum Internacional da Juventude, o quinto, reunido na Universidade de Santo Tomás, a mais antiga da Ásia, estão representados cento e cinco países, além de numerosas associações e movimentos internacionais. O desafio não é fácil: a irresistível busca de Deus nos conduziu à Ásia, o continente maior e mais populoso, onde, porém, os cristãos são minoria. "Ser missionários no coração da sociedade" significa aqui algo muito concreto e muito importante; significa, por exemplo, dialogar com outras religiões como o Budismo, o Islamismo, as religiões tradicionais.

A XII Jornada Mundial da Juventude é celebrada em agosto de 1997, em Paris. Foi a demonstração de que o cristianismo na Europa tem um coração jovem e que há jovens, e são muitos, dispostos a levar o Evangelho para além do limiar do ano 2000. "Cristo vos lança um convite: vinde e vereis; na cruz vereis o sinal luminoso da redenção do mundo, a presença amorosa do Deus vivo." O tema da jornada é um convite a fazer com que sua vida produza frutos, a arriscar o seu tempo em algo grande, mas é também um mirar além, para as metas futuras. "Na Igreja não há fronteiras, somos um único povo solidário, composto de muitos grupos com culturas, sensibilidades e modos de agir diferentes. Essa unidade é sinal de riqueza e de vitalidade."

No primeiro ano do tríduo que prepara o Grande Jubileu, dedicado a Jesus Cristo, salvador da humanidade, o encontro de Paris marca o ponto mais alto e indica a direção certa para nos prepararmos para o encontro do terceiro milênio. Dois mil anos de história cristã não são um passado a revogar, uma tradição a rever de tempos em tempos, mas, ao contrário, são sinal de uma presença concreta e de uma esperança de salvação projetadas além dos milênios que o homem pode contar, cujas raízes estão na encarnação de Cristo.

O encontro jubilar dos jovens ocorre em Roma, de 15 a 20 de agosto de 2000: "Caros jovens, o vosso caminho não termina aqui. O tempo não para hoje. Ide pelos caminhos do mundo, pelos caminhos da humanidade, permanecendo unidos na Igreja de Cristo". O Papa dá muita importância para o encontro jubilar, como é evidente também na mensagem para a XV Jornada Mundial da Juventude – "O Verbo se fez carne e habitou entre nós" (Jo 1,14) –, escrita em 1999: "Caros jovens, convido vocês a empreenderem com alegria a peregrinação para esse grande encontro eclesial, que será, com justiça, o 'Jubileu dos Jovens'. Preparai-vos para transpor a Porta Santa, sabendo que passar por ela significa revigorar a sua fé em Cristo para viver a vida nova que ele nos deu".

O ano 2000 é um ano muito importante para João Paulo II. O Grande Jubileu que conclui o segundo milênio da Era Cristã se apresenta denso de encontros e de conteúdos. No entanto, ainda uma vez, manifesta-se a especial predileção do Papa pelos jovens. Neles, João Paulo II ama aquela busca da vida eterna que Cristo amou no jovem do Evangelho.

Um novo elemento é acrescentado à história das Jornadas Mundiais. Trata-se do ícone de Maria *Salus Populi*

Romani, que doravante acompanhará a cruz na sua peregrinação em torno do mundo. Maria acompanhou todo o pontificado de João Paulo II e também o caminho das Jornadas Mundiais: ela é a estrela que nos guia para Cristo, "a humilde serva do Senhor, que acreditou no amor do Pai e nos deu Cristo 'nossa paz', mãe cheia de amor terno e sensível e mestra que nos precede no caminho da fé e nos indica o caminho da vida". Muitíssimas são as expressões que se referem a Maria nas mensagens e nas homilias das Jornadas Mundiais.

O novo milênio, iniciado com os sinais trágicos do terrorismo e da guerra, nos leva a uma metrópole moderna, espelho multicultural do mundo globalizado: Toronto. "Vós sois o sal da terra. Vós sois a luz do mundo" (Mt 5,13-14) é o tema da XVII Jornada, ocorrida de 23 a 28 de julho de 2002. O momento alto deste novo encontro entre o Pontífice "cheio de anos, mas ainda jovem por dentro" e os jovens, com muito menos anos nas costas, mas que veem diante deles um futuro cheio de ameaças e de incógnitas, é uma pergunta dramática que o Papa faz durante a vigília: "Sobre quais fundamentos é preciso construir a nova época histórica que emerge das grandes transformações do século XX?".

A pergunta não admite incertezas: ou a civilização do amor, ou a escuridão da morte. Está para decolar uma nova geração de construtores da paz: "Deixai que vos transmita a minha esperança: esses construtores devem ser vocês!". A resposta que chega dos jovens reunidos em Downsview Park é clara: a noite da vigília é iluminada por milhares e milhares de velas, as "sentinelas da manhã" reunidas em Toronto são mais de oitocentos mil. "Ao seguir a Cristo deveis mudar e melhorar o 'gosto' pela história humana" – dirá João Paulo II na missa de encerramento – "com a vossa fé, esperança e amor; com a vossa inteligência, coragem e perseverança, deveis humanizar o mundo no qual vivemos".

É o último encontro. João Paulo II não estará em Colônia, em agosto de 2005, mesmo sendo sua a mensagem para a XX Jornada Mundial da Juventude: "Viemos adorá-lo" (Mt 2,2). Um presente para Bento XVI, um papa alemão chamado a encontrar-se com os jovens exatamente na sua terra. Um presente também para os seus amados jovens, dos quais sabe que pode obter uma resposta generosa: "Queridos jovens, oferecei também vós ao Senhor o ouro da vossa existência, ou seja, a liberdade de segui-lo por amor, respondendo fielmente ao seu chamado; fazei subir até ele o incenso da vossa oração ardente, em louvor da sua glória; oferecei a mirra, isto é, o afeto cheio de gratidão, para ele, verdadeiro Homem, que nos amou até a morte como um malfeitor no Gólgota".

9.
SEGUIMENTO

Com o passar dos anos, a estrutura das jornadas foi se codificando numa série de elementos recorrentes: o acolhimento, a cerimônia de abertura, três dias de preparação com as catequeses e os "festivais da juventude", a *via crucis* e o momento penitencial, a vigília e a missa de encerramento. Às vezes – em Roma para a peregrinação jubilar à Porta Santa, em Colônia para a Arca dos Magos –, foi inserida no programa uma peregrinação particular. Cada um desses elementos tem uma função no conjunto da jornada.

A acolhida é o momento do encontro entre os visitados e os jovens provenientes de todo o mundo. Frequentemente se realiza com a hospitalidade de uma diocese do país no qual se realiza a jornada. Os peregrinos são acolhidos, começam a conhecer a realidade local, são acompanhados pelos seus coetâneos locais a reconhecer, na diferença das culturas, dos costumes, das tradições, a mesma substância da fé cristã.

A cerimônia de abertura, ou antes, a acolhida do Santo Padre, dá início à jornada propriamente dita. Os jovens sentem que o Papa está com eles e os convida a se prepararem adequadamente para o encontro. Nos três dias seguintes se realizam as catequeses, nas diversas línguas dos participantes. É um momento importante, porque constitui o encontro entre os jovens e seus bispos, companheiros de viagem "especiais", e porque introduz na celebração extraordinária e internacional o elemento da Igreja local.

Nos mesmos dias ocorrem as manifestações culturais e espirituais organizadas pelos próprios jovens, o "Festival da Juventude" ou "Encontro Jovem", como eram chamados em Roma: muita música, teatro, arte, mas também oração, vigílias, reflexões, centenas de modos de se comunicarem nas mais diversas línguas.

Sexta-feira é o momento da via-sacra e do sacramento da Reconciliação. Chegamos assim ao sábado, o momento mais aguardado pelos jovens: a vigília junto com o Papa. Cada uma tem as suas características próprias: pode ser uma celebração batismal, como em Paris, um diálogo real com alguns jovens que dão o seu testemunho de fé, pode até haver queima de fogos, como em Roma. Mas o elemento central é sempre a palavra do Papa. E não só a palavra. João Paulo II não se limitava a falar ou a escrever aos jovens, mas se encontrava com eles, rezava com eles, cantava com eles; de maneira evidente ele estava à vontade com os jovens, estava bem com eles.

A missa é ao mesmo tempo o momento final e o coração de cada Jornada Mundial. O abraço final ocorre na presença do próprio Jesus. O momento é solene, as palavras se tornam compromissivas, o sacrifício eucarístico consagra a resposta dos jovens ao Senhor e o mandato que eles recebem: "Vós levareis o anúncio de Cristo ao novo milênio. Ao voltar para casa, não vos disperseis. Confirmai e aprofundai a vossa adesão à comunidade cristã à qual pertenceis. Desde Roma, da cidade de Pedro e Paulo, o Papa vos acompanha com afeto e, parafraseando uma expressão de Santa Catarina de Sena, vos diz: 'Se fordes o que deveis ser, colocareis fogo em todo o mundo'" (Roma, 2000).

Quanto à participação dos jovens, é preciso lembrar que partir para uma Jornada Mundial não é algo fácil e simples. Há que se ter coragem de partir, é preciso decidir separar--se, interromper a rotina e assumir a disponibilidade interior à acolhida, ao diálogo, à partilha e, também, à pobreza e à penitência.

Por isso se fala de peregrinação. A peregrinação inicia no coração, antes ainda dos preparativos técnicos, da passagem do avião ou do bilhete do trem, antes de fazer a mochila. Inicia com a vontade interior de focar alguns aspectos da nossa existência, de ir em busca de algo, de alguém; é uma resposta à iniciativa de Deus, ao Senhor Jesus, que percorre os nossos caminhos para vir nos procurar. É aquele passo que permite que aprendamos a ser peregrinos na vida.

João Paulo II tinha compreendido todas estas coisas muito bem. Se forem repassados os conteúdos mais importantes das mensagens e das intervenções para as Jornadas Mundiais, surgirão algumas indicações claras, sobretudo seguindo a lógica que, de fato, ele sempre respeitava ao se dirigir aos jovens: mostrava que conhecia a realidade deles, a sua sensibilidade, a sua vida, para calar assim com maior profundidade e vitalidade o anúncio do Evangelho e delinear, enfim, caminhos de conversão pessoal e comunitária. O olhar sobre os jovens é altamente positivo, embora não seja privado de realismo.

A catequese que o Papa apresenta aos jovens é muito rica: é todo o Evangelho. Mas há temas que voltam com frequência significativa: a ideia de que o futuro da humanidade depende deles, que o terceiro milênio se oferece aos jovens com um realismo que desafia, que a paz do mundo está nas mãos e no coração deles, que é urgente fazer opções fundamentais diante dos valores essenciais e saber dar ao mundo razão da sua esperança. Da esperança que está nas próprias raízes da juventude como projeto de vida; da esperança que nasce da certeza de que Cristo ressuscitou e está vivo.

Podemos falar verdadeiramente de um autêntico itinerário educativo. É evidente que o Papa propõe metas e objetivos; define os meios; especifica com grande clareza determinados processos, identifica os valores em jogo; formula propostas específicas; reconhece explicitamente, durante esses contatos, as características da idade juvenil; faz suas as perguntas dos jovens; refere-se ao movimento progressivo que permite alcançar novos níveis no itinerário; mostra-se repetidamente sensível aos contextos e às áreas mais vulneráveis da realidade. E faz tudo isso em comunicação com os jovens, nunca no plano meramente teórico. Com alguns temas recorrentes.

1. Talvez um dos pontos mais bonitos da caminhada educativa que João Paulo II faz com os jovens é o seu convite permanente ao encontro com Jesus. É um convite ao seguimento, a tornar-se sempre mais imagem do Filho, a encontrar, a redimir a sua identidade cristã: "Quem, senão Aquele que é o autor da vida, pode satisfazer a expectativa que ele mesmo colocou no coração do homem?". O Papa faz este convite de formas diferentes, sempre muito estimulantes para os jovens. Propõe uma escolha radical, que obriga a pôr-se constantemente em discussão e deixar-se contagiar pela mensagem de Cristo, o único mestre que não trai as expectativas, o único profeta que não faz miragens passar por verdades, a única testemunha que sabe admiravelmente unir palavra e vida. Na mensagem para a jornada de 1993, em Denver, encontramos uma passagem extraordinária: "Por pouco atentos que estejamos a nós mesmos e às ameaças às quais a existência nos expõe, descobrimos que tudo dentro de nós nos impele além de nós mesmos, tudo nos convida a superar a tentação da superficialidade ou do desespero. É exatamente então que o ser humano é chamado a se tornar discípulo daquele outro que o transcende infinitamente, para entrar finalmente na vida verdadeira". Entrar no discipulado,

este é o belíssimo convite ao encontro: fazer-se seus discípulos, uma forma de encontro realmente única.

2. A confissão explícita da fé: João Paulo II a faz de maneira extraordinária, com amplidão e profundidade e em palavras claras, capazes de dar motivações profundas. Apresenta com paixão o caminho, que é sempre e somente Jesus. Faz isso em todas as jornadas. Escolhe, em primeiro lugar, o tema, a referência bíblica inspiradora. Ao mesmo tempo faz, para os jovens e diante dos jovens, a confissão explícita da mensagem cristã, a confissão explícita do mistério e da vida de Cristo. Por um lado, reconhece nele o caminho, a verdade e a vida, a abundância dessa vida, tudo o que Jesus é para um crente, para o coração que o busca, a força do seu Espírito; noutros momentos, de maneira estupenda, narra aos jovens a experiência pascal. Faz isso com toques extraordinários. Relê para eles a experiência da Páscoa, o caminho de Jesus, comparando-a ao "hoje" de todo jovem. "Também este nosso tempo se coloca 'no dia seguinte à ressurreição'. É 'o momento favorável', 'o dia da salvação'."

3. A partir desses horizontes, João Paulo II alude também a algo sobre o que insistem igualmente os diversos itinerários de pastoral juvenil: o projeto de vida. O Papa evoca o projeto de vida unido ao tema da vocação no mundo e faz isso se referindo não apenas a um ideal de vida, mas também a uma estrutura de vida. Em primeiro lugar, fala de um dom e um projeto de vida fascinante confiado por Deus ao homem como tarefa: somos chamados a ser filhos de Deus, somos capazes de viver na justiça, na verdade e na santidade.

Na exortação apostólica *Christifideles laici,* ele já acenara para esse aspecto tão interessante, exprimindo-se assim: "A juventude é o tempo de uma descoberta particularmente intensa do seu eu e do seu projeto de vida: é o tempo de um crescimento que deve acontecer em sabedoria, idade e graça diante de Deus e dos homens".

Na carta apostólica de 1985 fala do projeto de vida e da vocação cristã como algo profundamente unido. "A 'vocação' diz algo mais do que 'projeto'... Este 'projeto' é a 'vocação' à medida que nela se fazem ouvir os vários fatores que chamam... uma determinada ordem de valores... dos quais emerge um ideal a realizar, que é atraente a um coração jovem. Neste processo a 'vocação' se torna 'projeto' e o projeto começa a ser também vocação." E aqui o Papa faz a pergunta: "O que devo fazer? Qual é a tua vontade?". Esta pergunta, afirma, é feita no íntimo, "naquele particular espaço interior no qual se aprende a estar em relação estreitíssima com Deus, antes de tudo na oração".

4. Proposta de compromisso. O convite insistente ao compromisso não é uma ideia vaga, mas uma proposta concreta, que tende a promover valores sólidos e a agir de acordo com eles. O compromisso aparece sempre unido ao dom de si, ao dar-se aos outros, em definitivo, a um modo de entender a vida. "O homem, o cristão, é capaz de viver na dimensão do dom... que cria também o perfil maduro de toda vocação humana e cristã... A vós jovens cabe de modo particular a tarefa de testemunhar a fé hoje e o compromisso de levar o Evangelho de Cristo... de construir uma nova civilização que seja civilização de amor, de justiça e de paz". É constante o convite à coragem e à generosidade, a dar testemunho de fé e de solidariedade, como também a comunicar esses valores: "Anunciai a Palavra de Deus. Deveis ter a coragem de falar de Cristo nas vossas famílias, no vosso ambiente de estudo, de trabalho ou de recreação. Existem lugares e situações nos quais podeis levar a semente da Palavra de Deus" (1992).

5. A experiência eclesial. Em todas as mensagens encontramos uma alusão explícita e concreta ao itinerário

sacramental, seja para lembrar o sentido do Batismo, seja para sublinhar os diversos aspectos da Reconciliação e da Eucaristia. João Paulo II fala aos jovens do seu crescimento na fé e os convida a empreender esse percurso no seio de uma Igreja concreta, inseridos nas dioceses e paróquias, nos grupos, associações e movimentos, verdadeiras escolas de vida, apoio e estímulo ao longo do caminho. Lemos, por exemplo, na mensagem para a Jornada de Toronto (2002): "Sim, é a hora da missão! Nas vossas dioceses e nas vossas paróquias, nos vossos movimentos, associações e comunidades Cristo vos chama, a Igreja vos acolhe como casa e escola de comunhão e de oração. Aprofundai o estudo da Palavra de Deus e deixai que ela ilumine a vossa mente e o vosso coração. Tirai força da graça sacramental da Reconciliação e da Eucaristia. Frequentai o Senhor naquele 'coração a coração' que é a adoração eucarística. Dia após dia recebereis novo impulso, que permitirá que conforteis os que sofrem e leveis a paz ao mundo".

6. Os jovens, sujeitos ativos da evangelização. Este é um pensamento que volta muitas vezes no modo como João Paulo II se coloca diante dos jovens e caminha com eles. Aparece mais vezes sublinhado o fato de que os jovens não são apenas fruto ou objeto da solicitude pastoral da Igreja, mas também os próprios "protagonistas" da evangelização. "Vós, jovens, sois os primeiros apóstolos e evangelizadores do mundo juvenil, atormentado hoje por tantos desafios e ameaças... não podeis permanecer silenciosos e indiferentes... Ninguém pode substituir-vos no ambiente do estudo, do trabalho e do divertimento. Tomai o vosso lugar na Igreja. Vocês mesmos são a Igreja" (1989).

Muitos temas continuam abertos, outros possíveis itinerários, tanto em sentido estrito como em sentido lato; de resto, citando ainda João Paulo II: "Com o passar dos anos, as Jornadas Mundiais da Juventude confirmaram que não são ritos convencionais, mas acontecimentos providenciais, ocasiões para os jovens professarem e proclamarem com crescente alegria a fé em Cristo. Ao se encontrarem, eles podem se interrogar juntos sobre as aspirações mais íntimas, experimentar a comunhão com a Igreja, comprometer-se na urgente tarefa da nova evangelização. Desse modo, dão-se as mãos, formando um imenso círculo de amizade, conjugando as cores da pele e das bandeiras nacionais, a variedade das culturas e das experiências, na adesão de fé ao Senhor ressuscitado".

A imagem final desse vigésimo percurso é a do momento em que João Paulo II, na noite de 19 de agosto de 2000, no início da vigília no grande prado de Tor Vergata, de mãos dadas com cinco jovens dos cinco continentes, atravessa a grande porta sob o olhar do Cristo crucificado e ressuscitado. No seu livro *Transpor o limiar da esperança*, tinha escrito que "não é verdade que é o Papa quem conduz os jovens de um lado ao outro do globo terrestre. São os jovens que o conduzem. E mesmo que os seus anos aumentem, eles o exortam a ser jovem".

É espontâneo divisar nesta imagem quase a síntese da pastoral juvenil realizada por João Paulo II durante o seu pontificado: conduzir pela mão as jovens gerações para o terceiro milênio, indicando-lhes o caminho que leva a Cristo, "o mesmo ontem, hoje e sempre". E é bonito recordar que, ao mesmo tempo, os jovens acompanharam e quase sustentaram o Papa ao longo de sua peregrinação apostólica através do mundo.

10.
FOGO

"A juventude é, simultaneamente, um tempo dado pela Providência a todo homem e dado como tarefa. Durante esse tempo ele busca, como o jovem do Evangelho, a resposta às perguntas fundamentais; não só o sentido da vida, mas também um projeto concreto para começar a construir a sua vida. Exatamente esta é a característica mais essencial da juventude." Assim escreve o Papa em *Transpor o limiar da esperança*. E a Vittorio Messori, que quase põe em dúvida a consistência da sua esperança nos jovens, responde que, apesar do contexto diferente, os jovens são aqueles de sempre, e a sua juventude atrai hoje exatamente como atraiu a Cristo dois mil anos atrás. Neles João Paulo II ama aquela busca da vida eterna que Cristo amou no jovem do Evangelho. O que é a juventude para o Papa? É a época da "personalização", a manifestação especial do que significa ser homem: criado para amor-verdade-vida à imagem de Deus, único e livre e, sobretudo, capaz de dar a própria existência como dom gratuito pelo próximo; é o tempo em que se afirma a nossa liberdade de filhos de Deus; é a época da busca do sentido da vida, mas também de um projeto concreto, de uma vocação. Porque a juventude possui em grau máximo aqueles dons que constituem a glória da pessoa humana: a capacidade de desejar ardentemente; a confiança de que as coisas belas não apenas são possíveis, mas que devem existir; o impulso do heroísmo, fundado sobre a admiração dos grandes; uma busca intensa não só de amor, mas do outro a amar.

Esta é a "filosofia" que subtende nas diversas intervenções que o Papa dirigiu aos jovens na JMJ de Roma. A sua predileção pelos jovens é tão evidente, que revela os jovens a eles mesmos. Como poderiam resistir a alguém que os define, como em Tor Vergata, parafraseando São Paulo: "Minha alegria e minha coroa?". E entre eles se estabelece uma relação simbiótica; os jovens sabem que o Papa recupera o vigor quando se encontra com eles ("Se você vive com os jovens, deverá voltar também jovem. Assim, volto rejuvenescido") e, do mesmo modo, diante dele, a procura desses jovens por amor e vida parece se expandir além dos limites temporais e espaciais para atingir a alegria verdadeira.

O impacto do Papa sobre os jovens nasce essencialmente da sua dupla convicção: é preciso que "a Igreja tenha uma profunda compreensão do que é a juventude, da importância que reveste para todo homem" e que "os jovens conheçam a Igreja, que vejam nela Cristo". A afirmação mais recorrente numa Jornada Mundial é: "Eu vi a Igreja". Nenhum dos presentes na vigília de Tor Vergata se esquecerá jamais daquela experiência. Nenhum deles se esquecerá dos comoventes testemunhos dos jovens do mundo, que contaram ao Papa os seus sofrimentos, os seus problemas, as suas aspirações. Nenhum deles se esquecerá das palavras cheias de confiança e de esperança que percebeu como que dirigidas a cada um deles pessoalmente pelo sucessor de Pedro. Como disse um dos participantes: "A experiência da Jornada Mundial dá até medo: é impressionante constatar a imensidade, a diversidade e a unidade da Igreja na qual encontramos a nossa identidade e a nossa vida".

Todas as experiências que dizem respeito a ele ou à Igreja, o Papa remete a Cristo, que é a verdadeira origem dela. Disse isso desde o primeiro encontro na Praça de São Pedro: "O que vocês vieram procurar? Vieram procurar Jesus Cristo! Jesus Cristo que, porém, por primeiro, vem procurar vocês... Estes dias deverão ajudar cada um de vocês a ver mais claramente a glória que é a do Filho de Deus e à qual fomos chamados nele pelo Pai. Por isso, é preciso que cresça e se consolide a vossa fé em Cristo".

Ainda no seu livro, *Transpor o limiar da esperança*, João Paulo II deplora o fato de os jovens não saberem o que é o heroísmo: "Crescem num clima de nova época positivista" diferente daquele que alimentou o seu idealismo juvenil. As JMJ se propõem como antídoto: Roma foi um convite ao heroísmo, ao testemunho. "Caros amigos, vejo em vocês as sentinelas da manhã... Vocês se reuniram aqui para afirmar que no novo século não poderão ser instrumentos de violência e destruição; vocês defenderão a paz, pagando inclusive pessoalmente, se necessário. Vocês não se resignarão a um mundo no qual outros seres humanos morrem de fome, permanecem analfabetos, não têm trabalho. Vocês defenderão a vida em todo momento do seu desenvolvimento terreno, se esforçarão com toda a sua energia para tornar esta terra sempre mais habitável para todos".

O que ficou de Roma? É difícil descrever o que acontece no íntimo de um coração quando encontra o Senhor e quanto, e como, tal encontro marca a vida. E a JMJ é indubitavelmente um encontro da "Igreja jovem" com o seu Senhor. No entanto, pode-se dizer que para cada um dos jovens reunidos em Tor Vergata ficou ao menos aquela mensagem do Papa que se torna quase um desafio: "Se vocês forem o que devem ser, colocareis fogo em todo o mundo".

Era exatamente isso que tinham necessidade de ouvir. Mais do que nunca, numa cultura na qual no horizonte brilha uma realidade virtual e a grandeza humana é desvalorizada, é urgente testemunhar a verdade sobre Deus e sobre o homem, porque o sistema sufoca a busca da verdade e maldosamente censura ou retorce as tentativas de testemunhar publicamente o seu esplendor. As perguntas dos jovens sobre o significado da vida são ridicularizadas pela sociedade, que as rotula como sem fundamento científico; as lutas interiores para descobrir o bem são rejeitadas em nome da sanidade mental e do direito de cada um a viver a seu modo; a excitação da descoberta do belo é substituída pelo cinismo crítico e pelo fascínio do escândalo e da violência. Os jovens aspiram a transfigurar o mundo e a sociedade, enquanto a cultura dominante, para mantê-los bons, propõe-lhes a segurança proveniente do consumismo, a magniloquência respeitosa das diferenças ou a destruição anárquica. Os jovens querem sentir-se desejados, querem deixar um sinal e encontrar o seu lugar no mundo "verdadeiro", ao passo que o sistema lhes oferece programas pré-fabricados ou estudos universitários infinitos.

O Papa, ao contrário, diz aos jovens reunidos ao redor dele que se interroguem, que perguntem por quê, que descubram quem são. Desafia-os a terem coragem de se comprometerem com a verdade, a não sufocarem a sua consciência, núcleo mais secreto e sacrário do homem. Diz a eles que têm razão de pedir que a verdade seja encarnada, concreta, na alegria e na dor, aqui e agora; pede a eles que comuniquem aos outros, em todos os recantos da terra, a experiência inefável da santidade de Deus: "A Igreja precisa de cada um de vocês... o mundo precisa de vocês". O Papa pode ser um "romântico" incorrigível, mas o seu romantismo é profundamente cristão. As Jornadas Mundiais da Juventude não só falam de heroísmo, mas são experiências tão exigentes que dão a prova evidente e vivida do que é o heroísmo cristão: testemunhar o "esplendor da verdade", participar no mistério trinitário e no processo de encarnação-salvação.

João Paulo II é muito respeitoso da necessidade que os jovens têm de uma verdadeira cultura, o tipo de cultura que "educa", ou seja, liberta e lança na verdadeira existência humana. Sabe que não aspiram a outra coisa senão a nascer e a se comprometer ativamente, e não a serem mimados como crianças. Diz a eles as palavras que são esperadas: "Vocês levarão o anúncio de Cristo ao novo milênio. Olho com confiança esta nova humanidade. É urgente mudar o caminho na direção de Cristo, que é também a direção da justiça, da solidariedade, do compromisso por uma sociedade e um futuro dignos do homem".

Em Roma, no coração do Grande Jubileu, um velho Papa ajudou as jovens gerações a descobrirem a sua juventude. Ensinou os jovens a buscar de novo, com paixão, a vida e o amor, sem levar em conta o preço a pagar; lançou-os no mundo, enriquecendo-os com a Palavra de Deus. A Jornada Mundial "educou-os" verdadeiramente, com uma simplicidade e uma clareza que lembram o essencial da educação.

João Paulo II define as Jornadas Mundiais como ocasiões para os jovens "darem um grande e fascinante testemunho de si mesmos", de virem a público e se tornarem luz para os outros. O Papa não dá definições nem propõe meios convencionais ou utopias; simplesmente apresenta, com clareza, o projeto de Deus; verdadeiro pastor, "educa" deveras: leva para fora as suas ovelhas, chamando-as pelo nome, para que se tornem o tipo de pessoa, ainda ignorada, que o Criador quer que sejam. Mas não nos devemos iludir sobre o preço de tal "educação". O bom pastor dá a vida pelas ovelhas para libertá-las da escravidão. Os jovens sabem que em Roma assistiram exatamente a um semelhante dom de si, magnífico e crucificante. Podia-se tocar com a mão na força extraordinária do frágil corpo do Papa, que mantinha apertada a cruz e apresentava com força a sua mensagem. Foi essa sua generosidade, no fundo, o que mais os afetou.

Na memória agradecida e no coração de quem viveu aqueles dias de graça permanece esculpida a imagem de João Paulo II, que na noite de 19 de agosto transpõe o limiar da porta monumental na esplanada de Tor Vergata, segurando a mão de jovens dos cinco continentes. E voltam à mente as palavras de André, rapaz guineano que o recebeu na Praça de São Pedro no dia 15 de agosto: "Todos nós, jovens, que estamos aqui presentes nesta tarde, crescemos junto com ele; a maior parte de nós, de fato, tem a mesma idade do seu pontificado. Obrigado por nos ter conduzido pela mão para este novo milênio, indicando-nos, com amor e paciência, o caminho que leva a Cristo".

11.
MULTIDÕES

A minha primeira Jornada Mundial da Juventude como organizador foi a de Denver, Colorado, em 1993. Representava o desafio de celebrar o encontro dos jovens na cidade moderna, no coração dos Estados Unidos. Antes se ia a lugares sagrados, Santiago de Compostela, Czestochowa. Sim, havia Buenos Aires, mas se tratava de um fato extraordinário. Denver era uma novidade absoluta: não há santuário nem tradição de peregrinação, nem uma dimensão sacral. Significava ir ao centro do sonho americano. Um grande desafio. Foi João Paulo II quem quis assim: vamos fazer uma peregrinação na cidade do homem, onde vive, trabalha, projeta o futuro. Vamos ao coração da cidade moderna, ao santuário vivo que é o povo de Deus, para anunciar o Evangelho. Nos encontros preparatórios nos convidava a ter presente essa realidade, essa situação nova: vejamos como inserir num contexto leigo, multicultural como a América, a nossa proposta.

Aí nasceu a ideia da *via crucis*. Nas JMJ anteriores, nunca fora celebrada. Sugeri fazê-la na sexta-feira para ajudar os jovens a se concentrarem na contemplação do mistério da paixão e morte do Senhor. A partir de então, a *via crucis* entrou no programa de todas as jornadas sucessivas.

Quando o Papa chegou, foi acolhido por milhares de jovens num estádio da cidade. Os organizadores estadunidenses, segundo o seu estilo, tinham preparado um programa minuto a minuto, calculando quanto tempo João Paulo II deveria empregar para fazer cada gesto. Várias vezes tínhamos avisado: com ele não funciona assim, é preciso deixá-lo livre. De repente, viram que todos os seus esquemas foram por água abaixo. O Papa entrou no estádio e deu a volta por ele no papamóvel, depois começou a subir os degraus que levavam ao palco, entre os cantos dos jovens. Na metade da escada ele parou, voltou-se e ficou olhando intensamente os jovens. As grandes telas mostraram o seu rosto em primeiro plano. Estava profundamente comovido, com os olhos brilhantes. No dia seguinte, num jornal do Colorado, um rapaz entrevistado acerca de suas impressões comentou: "Michael Jackson nunca chorou por mim".

Em Denver, os serviços de segurança, acostumados a ver outros tipos de encontros juvenis, temiam o álcool, a violência e a droga. Tinham pedido reforços nos Estados vizinhos. E ficaram surpresos que não tivesse acontecido nada, que os jovens não tivessem destruído nada. Também para a sociedade norte-americana foi a revelação de outro modo de estar junto, de outra juventude. Não que os jovens das JMJ sejam diferentes dos outros, são filhos do seu tempo. Mas têm uma modalidade de presença e de ação diferente. Creio que Denver tenha tornado visível para a América um modo "outro" de interpretar a juventude.

Enquanto a Jornada de Denver foi um evento inserido num contexto que continuou a viver a sua vida, Manila 1995 foi o evento do povo. Estavam todos. A acolhida calorosíssima e simples das pessoas, o seu afeto, a sua confiança no Papa foram impressionantes. Não apenas os jovens responderam, mas o povo. A multidão enorme na missa do domingo, os outros encontros daqueles dias são uma experiência única, nunca repetida, com milhões de pessoas participando de um evento eclesial, não de um *happening* mundano ou de uma festa. A acolhida das famílias filipinas aos jovens foi uma coisa maravilhosa, comovente, inesquecível. Havia gente feliz por toda a parte, até sobre os telhados das casas.

A ideia do Papa era de que, assim como o segundo milênio fora o tempo do anúncio do Evangelho no continente africano, o terceiro devia ser o da propagação da Palavra de Deus no continente asiático. Os jovens da JMJ de Manila, sobretudo os asiáticos, deviam assumir essa consciência e essa responsabilidade que lhes era confiada.

Havia também os chineses, com uma delegação oficial da Igreja patriótica. Com equilibrismos incríveis, primeiro para convencê-los a vir e, depois, por questões políticas, porque, por exemplo, entre as bandeiras dos vários países hasteadas na JMJ, como sempre, estava também a de Taiwan. Disseram: se a bandeira de Taiwan estiver hasteada, nós não vamos. Tivemos de enfrentar longas discussões, explicando que a Santa Sé tem relações diplomáticas com aquele país, que é um dos países presentes, que este não é um encontro político, que a bandeira representa a proveniência dos diversos jovens, que seria exposta também a chinesa.

Depois de momentos de forte tensão, alguns entre os mais duros da delegação, sobretudo os representantes do governo e do partido comunista, foram embora, outros ficaram. A missa final com o Papa foi concelebrada também por alguns sacerdotes patrióticos; mas foi pedido a eles que primeiro fizessem uma profissão de fé que estabelecesse a comunhão com Roma.

Pouco depois da JMJ, em setembro de 1995, houve o encontro dos jovens europeus em Loreto. A ideia de acolher os jovens alguns dias antes da manifestação nasce ali: até Manila não havia. Foram recebidos nas diversas dioceses da região, depois confluíram ao santuário mariano para o encontro com João Paulo II. Vieram trezentos e cinquenta mil. O Papa disse: Loreto é a casa do sim, portanto, o lugar no qual cada um de vocês é convidado a descobrir a sua vocação, o projeto de Deus para sua vida na perspectiva do grande Jubileu de 2000. Como escreveu em *Novo millennio adveniente*: "Se os jovens têm a sorte de se encontrar com Jesus Cristo e o seu Evangelho, terão a missão de levá-los ao primeiro século do novo milênio".

No final do encontro de Loreto, o Cardeal Eduardo Pironio (argentino), que era Presidente do Conselho para os Leigos, portanto o responsável pela organização, tomou a palavra para agradecer ao Papa e disse: "Santo Padre, o senhor propôs a estes jovens metas difíceis; mas posso dizer-lhe em nome deles que não é do que é difícil que eles têm medo, mas do que é medíocre". Explodiu um aplauso tão forte e convicto, que nos surpreendeu a todos. O cardeal soubera interpretar o sentimento dos jovens.

João Paulo II aparecia como aquele que propõe metas altas. Em Czestochowa disse: "Não tenhais medo de voar para o alto", "Sede os santos do novo milênio". Uma mensagem que ele mesmo vivia, portanto, era crível no que propunha. Não eram expressões de grandes princípios ou a apresentação de ideais abstratos: tratava-se de algo muito concreto, que fazia parte da vida do Papa e, portanto, era imitável pelos jovens.

A JMJ de Paris, outro desafio, outra aventura. Estamos em 1997 e se quer levar de novo a jornada para a Europa. Decide-se pela França leiga. João Paulo II enfrentou a nova prova em profunda sintonia com o Cardeal Jean-Marie Lustiger. O arcebispo de Paris, que conheci bem durante a minha permanência na nunciatura, era um homem apaixonado e passional, de grande inteligência e visão, com um caráter bastante difícil, determinado. Quis a JMJ na sua cidade tanto quanto o Papa, talvez mais. Ele a via como um modo de levar de volta a força do Evangelho para dentro da sociedade francesa. João Paulo II estava plenamente de acordo.

Não foi particularmente fácil. O encontro entre as exigências romanas e as francesas necessitaram de várias mediações. No final, foi uma revelação para todos. Os próprios bispos da França no início não estavam convencidos; viam a jornada mais como decisão de Lustiger que da Conferência episcopal. Aos poucos entenderam. As previsões iniciais falavam de pouco interesse. Depois ocorreu o *exploit*. Na vigília, em Longchamps, havia nove mil pessoas, mais de um milhão no domingo de manhã. O comentário de alguns bispos franceses: "Vi que ainda tenho algo a dizer às jovens gerações". Foi uma injeção de confiança, também na sociedade dos crentes franceses, depois do grande racha de 1968 entre a consciência civil e a cristã. Os próprios bispos estavam desencorajados: "Já perdemos o mundo jovem". Em vez disso, convidados a fazerem as catequeses, compreenderam que ainda podiam falar e serem escutados. Teve grande impacto sobre a opinião pública a visão de rapazes e moças sentados nas praças ou nas estações do metrô cantando com violão ou rezando as vésperas.

A presença do Papa, o tema da JMJ – "Mestre, onde moras? Vinde e vede" –, a beatificação de Frederico Ozanam, fundador da Conferência de São Vicente, o convite a experimentar a vida cristã, deram uma grande sacudida na Igreja da França, dando a ela nova vitalidade, antes um pouco debilitada e embalsamada. Antes de tudo, pela resposta numérica inesperada dos próprios jovens franceses. Dali nasceram diversas iniciativas de pastoral juvenil.

Roma 2000, o grande Jubileu, o grande sonho de João Paulo II: conduzir a Igreja ao terceiro milênio. Entre todas as celebrações do Ano Santo, a jornada era certamente a preferida dele. Seguiu-a com atenção particular, apesar de estar agora cansado. Domenico Del Rio escreve no livro *Il frutteto de Dio*: "Não é um velho Papa, mas é o Papa velho que se preocupa com as gerações jovens". Preocupou-se em 1985, na primeira jornada, conduziu-as até ali para que "tenham a tarefa de levar o Evangelho ao primeiro século do novo milênio". Ele as guiou, mandou-as entrar e diz: "Agora é a vossa vez".

Há uma interpretação oposta, igualmente simbólica: os jovens é que levam o Papa, velho e agora cambaleante. Sustentado pela força da juventude. Por isso, João Paulo II, no final daquela vigília, citou o provérbio polonês que diz: "Se andas com os jovens, deves permanecer jovem". Porque os jovens dão entusiasmo. Naqueles dois ou três dias, de fato, vimos o Papa completamente transformado. Lembro-me de que, ao terminar a noite de Tor Vergata, Pe. Estanislau me disse: "Você viu? Um encontro assim vale mais para ele do que todos os medicamentos que lhe estamos dando". Estava vivaz, alegre, fez a ola com os jovens.

Naquela tarde estavam presentes dois rapazes da China continental, que vieram com um dos movimentos participantes, batizados há pouco. Lembro-me de que os apresentei ao Papa atrás do palco, antes que ele saísse para a vigília. Ficou muito comovido. Abraçou-os, beijou-os e deu a eles um rosário.

Há uma passagem belíssima no discurso aos jovens: "É Cristo que procurais quando, com a inquietação das vossas jornadas, ides em busca da beleza, da verdade, da plenitude. Dentro dessa busca é ele mesmo que vos busca".

Pode-se imaginar que João Paulo II pensasse ter terminado, com o Jubileu, a sua tarefa? Creio que não seria descabido. Mas, provavelmente, ele sentisse ter realizado o que lhe tinha pedido em 1978, no início do pontificado, o cardeal primaz da Polônia Stefan Wyszynski: "Deverás introduzir a Igreja no terceiro milênio". Talvez a jornada de Roma se tenha colocado para ele nessa perspectiva: "Agora está consumado!". Depois durou mais cinco anos, e não se poupou. Mas talvez a JMJ tenha sido o encerramento do pontificado.

A saudação inicial da jornada, no dia 15 de agosto de 2000, na celebração de abertura, foi feita por um jovem da Guiné, Conakry, dizendo: "A maioria de nós tem a idade do seu pontificado". Portanto, o Papa podia pensar que tinha liderado uma geração inteira. Agora cabia a eles. Um pouco como um *nunc dimittis*. Ou, talvez, seja demais. Certamente, na sua ideia tudo aquilo que veio depois foi um "algo mais", de graça. Mas naquele momento, com as palavras de São Paulo, poderia dizer: "Combati o bom combate, conservei a fé". A jornada de Roma foi o coroamento, o ponto de chegada, daquilo que João Paulo II chamava de "a grande peregrinação dos jovens em torno da terra, à sombra da cruz".

12.
CONFIANÇA

Depois da JMJ, em 2001, se deu a continuação da viagem às origens da fé em Atenas, Damasco, Malta. Depois se foi à Ucrânia, Bulgária, ao Cazaquistão e Azerbaijão, à Polônia, pela quinta vez, à Croácia, Suíça e a Lourdes em 2004. Foram as viagens mais difíceis do ponto de vista logístico. O Papa tinha grande dificuldade de se movimentar, era preciso levar o estrado móvel, depois a cadeira alta especial apropriada. Mas ele tinha uma força indômita, além da vontade de não desistir.

Foi dificílimo ir à Grécia. Mal o Papa manifestou o desejo de visitar esses lugares que marcaram a história da difusão do Evangelho, os vários governos se apressaram em convidá-lo formalmente. A Igreja da Grécia, porém, disse logo: "Não o queremos, não deve vir". Então o Papa escreveu uma carta a Christodoulos, arcebispo ortodoxo de Atenas. Mons. Leonardo Sandri, o substituto da Secretaria de Estado, e eu levamos a carta. Fomos especialmente para entregá-la. João Paulo II escrevia: "Quero ir como peregrino aos lugares da pregação de São Paulo". A resposta foi: "Se vier como peregrino, nós o acolheremos segundo a hospitalidade tradicional do povo grego".

Lembro-me de que numa das visitas preparatórias que fiz a Atenas o arcebispo disse: "Vimos que o Papa nestes últimos tempos pediu perdão aos muçulmanos, aos judeus, mas não à ortodoxia; então nós queremos que haja também um pedido de perdão a nós pela tomada de Constantinopla por parte dos cristãos há mil anos". Tendo voltado a Roma, disse isso ao Papa que me respondeu: "É possível fazer isso, é possível fazer isso".

Tendo chegado em visita ao arcebispado ortodoxo, a primeira surpresa. Havia um belíssimo ícone de Nossa Senhora na entrada; o Papa, ao chegar, tinha três rosas de prata na mão e as depositou diante da imagem. Depois, tendo subido à sala, um clima frio: os bispos ortodoxos de um lado e os católicos do outro. O arcebispo fez o seu discurso, transmitido pela televisão, e disse: "Nós não queríamos que o senhor viesse, porque fomos agredidos pelos católicos". E elencou os fatos históricos das desavenças entre as duas religiões. O Papa respondeu: "Vim como peregrino aos lugares da pregação do Apóstolo". E depois pronunciou as palavras aguardadas: "Peço perdão a Deus pelas infidelidades dos católicos para com o Evangelho e nas relações convosco". Aquelas palavras descongelaram o clima.

Terminado o encontro oficial, o Papa e o arcebispo se afastaram na sala para o colóquio. João Paulo II disse a Christodoulos: "Se o senhor quiser vir a Roma orar sobre as tumbas dos mártires, ficarei muito contente, me daria imenso prazer". E ele: "Obrigado pelo convite, devo ouvir o santo sínodo, os outros bispos". E acrescentou: "A nossa Igreja foi fundada por São Paulo, mas não temos nenhuma relíquia dele, gostaríamos tanto de ter uma". João Paulo disse imediatamente: "Sim, sim, venha tomá-la".

Após o meio-dia, no encontro no Areópago, lugar da pregação de São Paulo, a atitude tinha mudado completamente: o arcebispo, atenciosíssimo, ajudou o Papa a descer do carro, sustentou-o na subida da escada, com grande cordialidade e amizade.

Nessa ocasião havia a questão da oração comum. Nos encontros preparatórios, propus aos responsáveis do arcebispado que se lesse o trecho dos Atos dos Apóstolos que conta a pregação de São Paulo. Mas eles imediatamente esclareceram: "Não podemos rezar juntos nenhum tipo de oração". De tarde, o arcebispo e os bispos vieram restituir a visita à nunciatura de Atenas. Clima cordialíssimo. Colóquio privado entre João Paulo II e Christodoulos. Depois fotografias e cumprimentos. Todos se dirigiram à saída do salão e o Papa os acompanhou. A certa altura ele parou, apoiando-se na bengala. E disse, com a sua voz autoritária que não admitia objeções: "Dizei o Pai-Nosso em grego". E eles obedeceram, recitando-o inteiro, a uma só voz. Ele acompanhou em silêncio, absorto. No fim concluiu: "Isso! Glória ao Pai, ao Filho e ao Espírito Santo. Vamos!". À porta, beijos e abraços. Tinham dito que não devíamos rezar juntos, mas ele os fez rezar.

No dia em que partíamos de Atenas para Damasco, o arcebispo partia para Moscou. Na nunciatura, o Papa pedira a ele que levasse os seus cumprimentos e uma medalha de prata ao Patriarca Aleixo. Naquela manhã, do arcebispado chegou um fax de Christodoulos com os votos de boa viagem e os agradecimentos pela visita.

A partir daí, as relações se transformaram completamente. Se antes havia resistência da parte ortodoxa em relação a Roma, no ano seguinte à visita vieram trinta e cinco párocos de Atenas, que acompanhei por toda a parte, desde a Capela Sistina até as Catacumbas. Acolheram estudantes católicos nos estudos teológicos deles. Iniciou-se um intercâmbio de colaboração, que é fruto da visita de João Paulo II.

Em Damasco havia a Mesquita Omeia. Numa visita de preparação, o governo pediu logo que o Papa a visitasse. Ao voltar a Roma, referi o fato a ele. Todos contra. Teria sido a primeira vez, como o gesto seria interpretado? O próprio Conselho para o Diálogo Inter-religioso não estava convencido. O Papa ouviu todas as objeções, depois disse simplesmente: "Pode ser feito sim". E o fez. Na mesquita, tirou os sapatos e fez o giro completo. Tendo chegado a uma espécie de mausoléu que, segundo a tradição, seria o túmulo de João Batista, rodeado pelo Grande Mufti e por diversos imãs, se deteve e fez o sinal da cruz. O sinal da cruz numa mesquita. Em demonstração da sua grande liberdade interior, consciente do seu papel e da sua missão.

O governo sírio leva os visitantes a Kuneytra, pequena cidade no Golã, destruída pelos israelenses que, ao se retirar, colocaram abaixo com tratores e cordas todas as casas. Uma desolação. Habitualmente se pede aos chefes de Estado em visita que plantem uma oliveira. Assim fez também o papa. Não obstante a contrariedade de Israel. João Paulo II tinha dito: "Vou visitar aquele país; eles têm essa tradição e eu a respeito". Sentia-se livre também com respeito às possíveis instrumentalizações dos seus gestos e às suas palavras.

No encontro com o Patriarca ortodoxo na Bulgária, o Papa quis levar as relíquias de São Dásio, guardadas na Catedral de Ancona. Mons. Sandri e eu fomos levá-las. Foi feito um belo relicário e as entregamos ao Patriarca, em sinal de respeito para com a Igreja Ortodoxa. Um encontro muito cordial, até familiar. Depois fomos ao Mosteiro de Ryla. O hegúmeno, ou seja, o superior, o Bispo João, fora delegado no Concílio Vaticano II. Provavelmente tinham se encontrado lá. O mosteiro é um dos berços da vida cristã da Bulgária, muito belo, nas montanhas; fomos de helicóptero, foi cansativo, mas João Paulo quis ir exatamente para sublinhar respeito e a atenção pela tradição espiritual da ortodoxia. Creio que as viagens aos países ortodoxos foram quase o coroamento da sua atenção pela Igreja do Leste, sublinhando a sua ideia dos dois pulmões da Igreja.

Em Lourdes, aos pés de Nossa Senhora, a última viagem. Acho que os meios de comunicação quiseram reduzir um pouco o seu alcance ao falar de um Papa doente entre os doentes. Sim, mas não foi lá como mais um doente. Certamente, estava doente. Tanto é que não conseguiu ler o discurso diante da gruta, o que foi feito pelo Cardeal Etchegaray. Depois quis a todo custo se ajoelhar, e com os seus problemas físicos quase resvalou por terra, uma cena dolorosamente inesquecível. A sua rótula não funcionava mais e desabou sobre o genuflexório. Foi a viagem mais significativa: talvez na sua ideia quisesse concluir o seu percurso confiando-se ainda uma vez à Maria – *Totus tuus*.

A sua devoção a Nossa Senhora era tal que, enquanto pôde, escrevia o comentário para as leituras bíblicas das homilias, depois a Secretaria de Estado acrescentava as partes mais formais. Fazia isso à mão, com o estilo que tinha de professor. Nas folhas em branco punha no alto à esquerda: "Wojtyla". À direita, na primeira folha: *Totus tuus ego sum.* Segunda folha: *Etomnia mea tua sunt.* Terceira: *Accipio Matrem in domo mea.* Sempre assim, nas primeiras três folhas. Nas seguintes escrevia versículos ou hinos litúrgicos. A presença mariana era forte na sua vida, também nesses detalhes.

Houve grandes reservas ao convite a Lourdes por parte do bispo, hesitava-se muito: o Papa naquele estado, como poderia se sujeitar a outra viagem, com compromissos públicos cansativos? Como sempre, ele decidiu: "Não, não, é preciso ir a Lourdes". Por que não pensar numa dedicação final de todo o seu pontificado, ainda uma vez, a Nossa Senhora? Quase uma síntese dos vinte e sete anos de serviço petrino. Numa passagem da homilia do domingo se definiu: chegado à meta da peregrinação. A meta era Lourdes ou o fim da vida? Sentia o fim? Os jornais o interpretaram assim.

A aceitação da doença deve ter custado muito a João Paulo II, sobretudo na dimensão da limitação da autonomia. Mas não a escondeu. Foi uma aceitação gradual, progressiva.

Disse uma vez que se serve a Igreja também com o sofrimento, não só com o ensinamento e os sacramentos: "Do Papa se exige mais". Creio que para entender bem João Paulo II é preciso nunca esquecer a sua interpretação teologal da história. Colocava todo evento no interior do projeto da salvação, os fatos nunca eram pura crônica.

Em 1991, depois da JMJ em Czestochowa, fomos à Hungria. Em Esztergom, o Papa celebrou a missa no átrio da basílica catedral, depois desceu à cripta e foi ao túmulo do Cardeal Joszef Mindzenty. Fazia cerca de vinte dias que os últimos soldados soviéticos tinham deixado a Hungria, depois da queda do muro de Berlim de 1989 e o consequente fim do comunismo em toda a Europa do Leste. O cardeal, altivo opositor do regime, morrera em Viena deixando dito: "Levem-me para casa quando o último soldado soviético tiver deixado o país". Portanto, pouco tempo antes tinham levado para ali os despojos do cardeal, e o Papa quis prestar-lhe homenagem.

Depois, de lancha no Danúbio, voltamos a Budapeste. No palácio do governo deu-se o encontro com o presidente, os parlamentares e o corpo diplomático. Estava previsto que depois do encontro iríamos à nunciatura, não havia nada mais naquela noite. Mas diante da escadaria do palácio, na praça, tinha se reunido espontaneamente muita gente com uma vela acesa na mão, num extraordinário piscar de olhos. Quando o Papa apareceu, a multidão começou a cantar *Christus vincit*.

Foi um momento intenso e comovente, João Paulo II parou na escada, em silêncio, via-se que estava atento e participante. À ceia, na nunciatura, como sempre, foram comentados os acontecimentos do dia, alguém recordou também a cena das velas acesas e do canto. Ele anuía. Depois disse: "Eu pensei, naquele palácio houve o processo contra o Cardeal Mindzenty e ali foi programada a destruição da

Igreja; e ali, no mesmo lugar, a fé do povo de Deus proclama que Deus é mais forte, que Deus é vencedor". Nenhum de nós tinha pensado nisso. Essa é a sua leitura teologal dos acontecimentos da história, que lhe permitia colocar também a crônica miúda dentro de um discurso maior.

Talvez também assim se possa explicar aquela última viagem a Lourdes. Sentia as forças faltarem, mas não se tratava apenas de fazer uma peregrinação, era preciso levar para diante de Maria toda a sua vida, passada e futura, e o seu serviço petrino. É uma leitura interior da história, que vai além da crônica, e que a coloca no plano de Deus, que misteriosamente a leva adiante. Mais vezes João Paulo II o disse, e fez.

Lembro-me de um almoço com os bispos em Angola. Respondendo à saudação de um prelado, tomou a palavra e agradeceu, acrescentando: "Ao chegar aqui, sentia que faltava algo no meio de nós, não via, procurava; finalmente, neste salão encontrei, aí está, a imagem de Nossa Senhora de Fátima; está aí porque ela é muito importante". E se aproveitou da figura de Maria para falar da evangelização e da sua presença no meio do povo cristão, do seu papel de colaboradora na difusão do Evangelho. Eu chamo este modo de ver as coisas de leitura teologal, ou sapiencial, da história.

Acaso renunciaria? Dizia-se que teria discutido isso com os colaboradores, talvez ao completar oitenta anos. Não sei até que ponto é verdade, ou se são florilégios. Não estou a par. Foi dito que teria pedido pareceres sobre a questão. Mas não estou em condições de confirmá-lo.

Com a doença, João Paulo se tornara mais sensível, talvez mais irritadiço por causa do corpo que não respondia mais aos estímulos do cérebro, mas nunca o vi com raiva. Antes, era sempre paciente, também nas viagens, e aceitava tudo.

Lembro-me de um fato. Na visita à Polônia de 2002, fomos a Kalwarya, perto de Cracóvia, ao santuário de Nossa Senhora das Dores, ao qual era muito achegado. Havia a capelinha com a imagem original de Maria com o Menino Jesus. Ali se pôs a rezar o breviário, mas no santuário havia pessoas que esperavam a missa cantando e, com isso, perturbavam a sua meditação. Já sentado na sua poltrona especial, ouvi-o pedir, em polonês, que os fizessem calar. Mas os cantos continuaram, e ele repetiu o pedido. Na terceira vez, elevou a voz, então alguém gritou: "Desliguem o órgão!". Foi a única vez em que o vi um pouco alterado. Ainda que alguém dissesse que, em certas circunstâncias, por ocasião de algumas reuniões de trabalho com os colaboradores da Secretaria de Estado, tivesse reagido um pouco rispidamente.

13.
MISERICÓRDIA

No dia 3 de abril de 2005, domingo *in Albis* (Primeiro domingo depois da Páscoa), domingo da Divina Misericórdia, no final da missa de sufrágio pelo Papa, que falecera na noite anterior, era lida esta mensagem, preparada pelo próprio João Paulo II alguns dias antes. Era como uma espécie de testamento, uma última palavra entregue pelo pai aos filhos no último momento da sua existência, como palavra memorial. De fato, depois de ter lembrado a presença de Jesus no cenáculo oito dias depois da sua ressurreição, indicava o Ressuscitado com as suas chagas gloriosas como um ícone da misericórdia do Pai, do seu imenso amor vitorioso por nós, e dizia: "Este mistério de amor está no centro da atual liturgia do domingo *in Albis*, dedicado ao culto da Divina Misericórdia. À humanidade, que às vezes parece perdida e dominada pelo poder do mal, do egoísmo e do medo, o Senhor ressuscitado oferece como dom o seu amor que perdoa, reconcilia e reabre a alma para a esperança. É amor que converte os corações e dá a paz. Quanto o mundo precisa compreender e acolher a Divina Misericórdia! Senhor, que com a tua morte e ressurreição revelas o amor do Pai, nós cremos em ti e com confiança repetimos isto hoje: Jesus, confio em ti, tem misericórdia de nós e do mundo inteiro".

A Divina Providência, que escolhera e guiara o pontificado de João Paulo II, quis também nos deixar a memória deste grande Papa da Igreja e do mundo de hoje, selada com a palavra "misericórdia". Está morto, é verdade, agora que entramos no domingo da oitava da Páscoa e da misericórdia divina, mas nos deixou as palavras que recordamos ao mundo, como uma mensagem de esperança e um convite à conversão, o rosto do Deus santo e misericordioso para a humanidade de hoje, resplandecente no rosto do Cristo ressuscitado.

Essa mensagem continua a ser atual nos nossos dias, quando vivemos juntos a exaltação dos valores humanos e os sintomas dos temores, sempre mais ameaçadores, e quando nos perguntamos se será ainda o mal que prevalece ou se será o bem, um bem que só pode vir do amor do Deus onipotente que é amor, será finalmente a última e definitiva palavra da história.

João Paulo II parece dizer-nos, como fez desde o início do pontificado, e de modo todo especial na encíclica *Dives in misericordia* de 30 de novembro de 1980, que tem confiança em nós e na humanidade do futuro no amor do Pai, um amor que se inclina sobre a miséria e sobre o pecado da humanidade, sobre as chacinas da história e sobre as calamidades naturais, como uma palavra definitiva de perdão e de esperança, de renovação e de otimismo. É o remédio da misericórdia ainda hoje manifesto e testemunhado pelo amor para curar as chagas do nosso mundo, que, de repente, se sente ferido pelo medo e pela incerteza.

Já no início da encíclica ele exprimia isso com estas palavras: "O homem e a sua vocação suprema desvendam-se em Cristo, mediante a revelação do mistério do seu amor. Por esse motivo, parece agora oportuno desenvolver este mistério. Sugerem-no múltiplas experiências da Igreja e do homem contemporâneo; e exigem-no também as aspirações de tantos corações humanos, os seus sofrimentos e esperanças, as suas angústias e expectativas. Se é verdade que todos e cada um dos homens, em certo sentido, são o caminho da Igreja, como afirmei na encíclica *Redemptor hominis*, também é verdade que o Evangelho e toda a tradição nos indicam constantemente que devemos percorrer com todos e cada um dos homens este caminho, tal como Cristo o traçou, ao revelar em si mesmo o Pai e o seu amor. Em Cristo Jesus, todos os caminhos que se dirigem ao homem, tais como eles foram confiados, de uma vez para sempre à Igreja, no contexto mutável do tempo, conduzem sempre ao encontro do Pai e do seu amor".

Podemos perguntar-nos quais foram as experiências humanas e as convicções evangélicas que marcaram tão profundamente a mente e o coração do Papa, para se fazer arauto da misericórdia divina para os homens e as mulheres do nosso tempo; quais os sinais e os gestos com que o Papa viveu e testemunhou a misericórdia divina; e quais as linhas fundamentais do seu pensamento sobre a misericórdia divina.

João Paulo II foi certamente um homem que viveu o drama dos momentos mais escuros do século XX, quando o mal parecia irremediavelmente prevalecer sobre o bem e a esperança parecia ceder o lugar ao desespero. Mas pôde experimentar aqueles momentos de luz que rasgam a escuridão e fazem sentir que Deus é sempre fiel às suas promessas, e demonstra isso se inclinando misericordioso sobre as misérias humanas e sobre os males da sociedade.

Dessa dupla experiência provém aquele sentido agudo da misericórdia divina que não é apenas a última palavra de Deus, mas também a que reabre constantemente o diálogo do amor e ilumina as sendas da esperança.

Foi testemunha, com a sensibilidade de um jovem de mente aberta e de coração sensível, dos crimes do nazismo primeiro, e do comunismo depois, na sua pátria e nas nações vizinhas, quase na personificação de um mal anti-humano, capaz sozinho de destruir o homem e atentar especialmente contra a sua dignidade e a sua liberdade. Experimentou o limite trágico de uma vocação traída, a do amor, para fazê-la tornar-se ódio, abuso da liberdade, morte. Quando o mal parece prevalecer, a miséria humana se manifesta na desordem de uns e nos sofrimentos dos outros. E pode-se apenas invocar – para não ceder ao desespero – a esperança cristã, que é personificada pela mensagem do amor de Deus e pela encarnação da misericórdia, na humanidade de Cristo, na oferta do seu perdão e, especialmente, na sua vitória pascal sobre o pecado e sobre o ódio que é a sua ressurreição. É o pensamento que desde sempre inspirou a sua conduta e que ele recorda como eixo da sua doutrina teológica sobre a Divina Misericórdia: o mistério pascal.

Também na sua vida pessoal experimentou o limite: a morte prematura da mãe Emília e do irmão Edmundo, e depois a morte do pai Karol, até ficar só na vida, entregando-se totalmente a Deus e à Mãe do Senhor.

A sua experiência dos sofrimentos humanos nunca faltou durante os anos do seu pontificado. Registrou-os dia após dia e se fez intérprete, continuamente, daquela janela para o mundo que foi a sua morada e daquela atenta interpretação da história que foram os seus discursos dominicais, dos males do nosso tempo, tornando-se e fazendo todos participantes de uma visão de misericórdia e de esperança, mas também de firme condenação do mal e das suas causas. Basta pensar nas suas contínuas intervenções corajosas e nítidas contra toda guerra e toda injustiça.

Alargou o horizonte da sua visão do mundo, de todos os seus males e limites em cada nível na nossa sociedade, através da experiência das viagens apostólicas em contatos procurados e não superficiais, com um olhar intenso sobre as misérias humanas e uma palavra encorajadora e propositiva, nascida da confiança no Deus Pai de todos, misericordioso e capaz sempre de perdoar.

Experimentou na sua pessoa e na sua carne o mistério do mal no atentado de 13 de maio de 1981, na saúde pouco firme, que o levou a compartilhar tantas vezes a vida com os doentes hospitalizados, o que o torna quase "sacramento de Cristo" e "pontífice misericordioso" que experimenta os males e a fraqueza dos seus irmãos e irmãs.

Mas o Senhor lhe concedeu ver também os frutos das suas orações, das suas tomadas de posição em favor da liberdade religiosa e da justiça social, e, portanto, do triunfo da misericórdia de Deus, pelo menos como sinais de uma vitória final do amor, na queda do comunismo na Europa, no desabamento das fronteiras, na paz entre nações em guerra, na mentalidade difundida nas pessoas contra todo gênero de guerra e de conflito, na volta também de tantas pessoas à vida nova com a reconciliação e a penitência, especialmente na extraordinária experiência do Grande Jubileu de 2000.

Num nível pouco mais íntimo e que certamente teve influência na inspiração religiosa do seu pensamento sobre a Divina Misericórdia, podemos e devemos lembrar a sua meditação atenta dos textos da Escritura, relidos na ótica de um cristão particularmente sensível ao problema de Deus e ao problema do homem, à conjunção entre antropologia e teologia, ao mundo da fé e da filosofia, como que levando-nos às fontes do seu pensamento e da sua experiência de jovem filósofo e pastor: "Quanto mais a missão realizada pela Igreja se centrar no homem – quanto mais for, por assim dizer, antropocêntrica –, tanto mais deve confirmar e realizar de modo teocêntrico, isto é, orientar-se em Jesus Cristo em direção do Pai. Enquanto as várias correntes do pensamento humano, do passado e do presente, têm sido e continuam a ser marcadas pela tendência de separar e até mesmo de contrapor o teocentrismo e o antropocentrismo, a Igreja, ao contrário, seguindo a Cristo, procura uni-los conjuntamente na história do homem, de maneira orgânica e profunda. Este é um dos princípios fundamentais, e talvez o mais importante, do magistério do último Concílio", escreveu na *Dives in misericordia*.

Por último, não podemos omitir que no pensamento teológico do Papa e na sua corajosa proposta da Divina Misericórdia influiu, como complemento da sua experiência humana e da revelação, aquela devoção particular ao Cristo misericordioso e à revelação da Divina Misericórdia que provém da mensagem de Santa Faustina Kowalska, como uma confirmação que vem de uma humilde irmã da Polônia que propõe essa mensagem ao mundo do século XX. E também não podemos omitir a mensagem de Fátima à conversão do coração dos homens e das mulheres, mas também dos povos e das nações através do coração imaculado de Maria.

De fato, não podemos esquecer também aqui, como aparece pela meditação aflita do Papa na *Dives in misericordia*, a sua visão do rosto de Deus, materno e paterno ao mesmo tempo, através daquele ícone particular da misericórdia que é a Virgem Maria, também na sua devoção particular a Nossa Senhora Negra de Czestochowa, mas também da Mãe da Misericórdia de Ostra Brama – Nossa Senhora da Porta da Aurora – em Vilnius, que o Papa quis visitar, depois da sua eleição, na capela da Lituânia das Grutas Vaticanas, para orar pelos países sujeitos então ao comunismo. Nestes dois ícones encontramos a imagem misericordiosa, traspassada também no rosto pela espada de um inimigo, ícones esses das esperanças e das experiências positivas de um povo.

João Paulo II recorda Maria como testemunha e imagem viva da misericórdia de Deus, um rosto seu particular, marcado pela característica do amor materno e sofredor que se torna misericordioso: "Maria, portanto, é aquela que conhece mais profundamente o mistério da Misericórdia

Divina. Conhece o seu preço e sabe quanto é elevado. Por isso, chamamos-lhe Mãe da Misericórdia, Nossa Senhora da Misericórdia ou Mãe da Divina Misericórdia. Em cada um destes títulos há um profundo significado teológico, porque exprimem a particular preparação da sua alma e de toda a sua pessoa, para torná-la capaz de descobrir, primeiro, através dos complexos acontecimentos de Israel e, depois, daqueles que dizem respeito a cada um dos homens e à humanidade inteira, a misericórdia da qual todos se tornam participantes, segundo o eterno desígnio da Santíssima Trindade 'de geração em geração'... Precisamente deste amor misericordioso, que se manifesta, sobretudo, em contato com o mal moral e físico, participava de modo singular e excepcional o coração daquela que foi a Mãe do Crucificado e do Ressuscitado. Nela e por meio dela o mesmo amor não cessa de revelar-se na história da Igreja e da humanidade. Esta revelação é particularmente frutuosa, porque se funda, tratando-se da Mãe de Deus, no singular tato do seu coração materno, na sua sensibilidade particular, na sua especial capacidade de atingir todos aqueles que aceitam mais facilmente o amor misericordioso da parte de uma mãe. É este um dos grandes e vivificantes mistérios do Cristianismo, mistério muito intimamente ligado ao mistério da encarnação" (*Dives in misericórdia*, n. 9).

Dessa longa experiência de vida sob o signo da Misericórdia Divina, podemos compreender bem alguns gestos característicos do pontificado de João Paulo II que remontam a essa fonte da palavra evangélica e da sua existência religiosa pessoal.

Antes de tudo, a sua pessoa, os seus gestos humaníssimos que quiseram ser uma espécie de ícone do Deus Pai misericordioso: o carinho às crianças e aos doentes, a sua predileção pelos enfermos e pelos incapacitados nas audiências e nas viagens apostólicas; mas também a sua imagem paterna, suave e forte ao mesmo tempo, convincente e quase cúmplice nos olhares, nas palavras e nos gestos, para revelar a paternidade de amor do Deus misericordioso a uma geração que tinha perdido o sentido verdadeiro da paternidade, para reencontrar juntos a alegria de pertencer a uma família, a Igreja, como filhos e filhas de Deus.

Daqui nasce a sua abertura ao diálogo, a sua capacidade de amizade com todos, a sua visão de um mundo como uma só família com um único Pai, com o convite a rezar juntos pela paz feito aos representantes de todas as religiões em Assis, em 1986, 1993 e 2002. E sempre com um convite à paz, à reconciliação, ao perdão, como última e definitiva palavra de paz. "Não há paz sem justiça, não há justiça sem perdão."

Por isso João Paulo II apareceu, intencionalmente e também consciente das críticas de uns e outros, como promotor da reconciliação mediante a oferta de perdão e o pedido do perdão. Para isso se fez imagem do Deus misericordioso com o gesto imediato de perdão e a visita na prisão ao autor do atentado contra ele.

Não podemos recordar todas as vezes que o Papa o fez, mas é suficiente lembrar a jornada do perdão no ano do grande Jubileu de 2000 no primeiro domingo da Quaresma; o seu convite, infelizmente quase não ouvido, de uma remissão parcial da pena dos presos e a sua campanha convicta em favor do cancelamento da dívida dos países mais pobres.

Não eram gestos sociais. A confiança no amor misericordioso de Deus o impeliu durante o seu pontificado a um chamado forte, constante, convicto a se reconciliar com Deus, sabendo que dessa reconciliação nasce a reconciliação entre as pessoas, os povos, as religiões. Fez isso de modo especial com o Sínodo sobre a Reconciliação e a Penitência de 1983, com o Ano Santo de 1984-1985 e, de modo particular, com o Jubileu, abrindo a todos a Porta Santa da misericórdia.

Para selar a sua devoção pela Divina Misericórdia e o seu desejo de difundi-la, João Paulo II beatificou Faustina Kowalska em 18 de abril de 1993 e a canonizou em 30 de abril de 2000, no domingo *in Albis*, que desde então se tornou também Domingo da Divina Misericórdia. Em 17 de agosto de 2002, durante a sua última viagem à Polônia, quis consagrar o santuário dedicado à Divina Misericórdia em Krakow--Laviegniki. Naquela ocasião disse: "Hoje, neste santuário, quero solenemente confiar o mundo à Divina Misericórdia. Faço isto com o desejo ardente de que a mensagem do amor misericordioso de Deus, que proclamou mediante Santa Faustina, chegue a todos os habitantes da terra e encha os corações de esperança. Que esta mensagem se difunda deste lugar para a nossa amada pátria e para o mundo. Cumpria-se a firme promessa do Senhor Jesus: daqui deve 'sair a centelha que preparará o mundo para a sua última vinda'. É preciso acender esta centelha da graça de Deus. É preciso transmitir ao mundo este fogo da misericórdia. Na misericórdia de Deus o mundo encontrará a paz e o homem, a felicidade! Confio esta tarefa a vós, caríssimos irmãos e irmãs, à Igreja que está na Cracóvia e na Polônia, e a todos os devotos da Divina Misericórdia que vieram da Polônia e do mundo inteiro. Sede testemunhas da misericórdia".

Não há dúvida de que nestas palavras do Papa há uma forte convicção da necessidade da mensagem da misericórdia de Deus pelos homens do nosso tempo. E dela se tornou ícone invisível, especialmente nos últimos anos, quando o vimos curvo e provado, incapaz de caminhar e quase preso no crisol do amor de Deus, um pastor que dá até o último suspiro a vida pelo seu rebanho. Uma imagem viva da paternidade universal, que todos, especialmente os jovens, sentiram próxima e inspiradora. João Paulo II apresentou e representou o rosto de Deus para o nosso mundo. Ele que se fez intérprete e participante das "alegrias e das esperanças, das angústias e das dores" da humanidade do século XX, tornou-se um ícone do Deus misericordioso. E Deus, que é fiel, quis simbolicamente acolhê-lo e devolvê-lo à Igreja transfigurado pela dor das últimas semanas do seu pontificado, como um ícone paterno, como um pai da humanidade, uma testemunha da misericórdia que nos garantiu com a sua vida que o mal não é a última palavra, se o amor de Deus é capaz de vencê-lo. Como o venceu na morte e ressurreição do seu Filho. Por isso, a sua morte teve também o selo da Páscoa.

Bento XVI, recordando a seus conterrâneos a figura do Pontífice, disse com muito afeto e gratidão que foram os jovens que descobriram nele essa imagem viva da paternidade: "Eles viram no Papa um pai que dava segurança e confiança, que de algum modo unia todos eles".

Assim o queiramos recordar sempre. Como um pai que nos revelou com palavras e gestos, com programas e celebrações, com grande esperança no futuro, o rosto de Deus, o Pai do Senhor nosso Jesus Cristo, rico em misericórdia. E assim, a sua vida e a sua companhia, no último período do século XX e nos primeiros anos do terceiro milênio, foram motivo de esperança para toda a humanidade.

14.
PERDÃO

Creio que alguns momentos do grande Jubileu de 2000 foram sintéticos com respeito ao pontificado desse Papa. O pedido de perdão pelos erros cometidos pela Igreja nos séculos e a comemoração dos mártires no Coliseu foram intuições que João Paulo II viveu no tempo e que na ocasião tiveram a sua dimensão celebrativa.

Sabemos muito bem que o pedido de perdão não obteve consensos unânimes. Impressionou muito fora da Igreja Católica, assim como contamos sobre o mundo ortodoxo. Certamente alimentou, na consciência eclesial, uma percepção da responsabilidade moral dos cristãos com respeito às infidelidades ao Evangelho vividas na história. Não se pode generalizar, nem ser superficiais: é preciso colocar esses erros no contexto social e histórico no qual aconteceram. Mas creio que tenha sido uma contribuição particular para a educação da consciência da Igreja: há uma responsabilidade, que não é nossa, mas que herdamos na dimensão de povo de Deus que atravessa os séculos. Foi uma mensagem forte, como expressão visível de toda a orientação do seu magistério.

Por ocasião da comemoração dos mártires no Coliseu foi dito, no início, que na lista estivesse Mons. Romero, mas depois as repartições vaticanas o teriam tirado e João Paulo II o teria acabado pondo de volta. Tinha dito que o século XX era o século dos martírios e das perseguições mais cruentas, depois dos primeiros tempos do Cristianismo. Estava convencido de que, como já dizia Tertuliano, o sangue dos mártires era semente de novos cristãos. Querer no Coliseu, símbolo das perseguições, aquela celebração, que tinha um olhar internacional, com mártires nem todos católicos, sublinhou a leitura teologal da história por parte do Papa. O testemunho dos mártires não está circunscrito a certos tempos e situações, mas faz parte integrante da vida e da história da Igreja em todo tempo, e, portanto, a Igreja não se pode esquecer dessa dimensão. De resto, João Paulo já tinha escrito que o martírio é o grau mais alto do seguimento do Senhor. Querer celebrar assim solene e publicamente a memória dos mártires foi um gesto forte para confirmar essa verdade.

15.
POLÔNIA

A Polônia era um pedaço do coração do Papa. Em 2002, porém, na última viagem à sua terra, houve um fato que me afetou muito. Estávamos sobrevoando de helicóptero, indo para Cracóvia, diversos lugares dos montes Tatra, como Zakopane, que eram parte da sua história. Pe. Estanislau, todo contente e excitado, ia de uma janelinha à outra, indicando aqueles lugares a João Paulo II, que rezava o rosário. Eu via que o Papa olhava com indiferença, continuando a oração e pensei: "Não dizem mais respeito a ele". Aqueles lugares, que eram os da sua juventude, dos inícios do ministério de padre e de bispo, dos passeios em caiaque com os estudantes, das missas no meio dos bosques, das descidas de esqui, não eram mais sentidos como seus, a sua história pessoal se tinha agora perdido numa história muito maior e mais importante. E aquela história chegava ao fim.

Creio que tenha sido uma grande renúncia para ele não voltar ainda uma vez a Jasna Gora, a Czestochowa, da sua Nossa Senhora Negra. Tinha pensado em ir, mas havia dificuldades demais, sem falar, naturalmente, na sua saúde. Na sua capela no Vaticano, que Paulo VI mandara construir, ao lado do crucifixo, pediu que fosse colocado o ícone com o rosto da Nossa Senhora Negra de Czestochowa. Ele a tinha continuamente presente. E a faixa branca da veste talar que usava no dia 13 de maio de 1981, furada pelo projétil de Ali Agca, foi enviada por ele como ex-voto naquele santuário e está atrás da imagem de Nossa Senhora, para agradecer a ela pela sua proteção.

Durante aquela última visita, numa noite no arcebispado de Cracóvia, João Paulo II ceou com os seus colegas de liceu, todos envelhecidos como ele, com mais de oitenta anos, homens e mulheres arqueados pela velhice e pelas provas da vida. Foi um prazer vê-los à mesa, juntos, pessoas que tinham compartilhado os dias difíceis da guerra, da ocupação nazista, da ditadura comunista. Falavam em polonês e contavam o seu passado como velhos colegas de escola que eram, e o Papa participava daquelas recordações. Essas pessoas eram a única ligação dele com o passado, com a juventude, porque não tinha parentes, estava completamente sozinho.

Volta à minha mente a oração intensa de João Paulo II na Catedral de Wavel, em Cracóvia, diante das relíquias de Santo Estanislau, naquela que tinha sido a sua sede episcopal. É o grande santuário nacional, coração pulsante não apenas da Igreja, mas também da história do país: e ali emergia claramente o seu sentido dos lugares, como em toda a cidade. Ali estava a sua juventude, mas também o seu ministério episcopal. Vinha para fora a sua alma, do homem de Igreja e do homem do seu povo.

Impressionante também as pessoas que estavam no parque de Blonie para a missa por alguma beatificação. O Papa estava agora cansado e limitado, mas cheio de vida, porque a sua gente, o seu povo lhe transmitia vitalidade.

16.
CÚRIA

Quero dizer também uma palavra sobre a Cúria Vaticana, porque me desagrada que, nestes tempos difíceis, se passe para a opinião pública a ideia de que ela seja um grupo de pessoas desonestas. Não se faz justiça, como reconheceu até o Papa Francisco, a uma quantidade de pessoas que vivem e exercem o seu serviço com grande idealismo e verdadeiro empenho. O Vaticano, certamente, deveria ser impecável, mas é feito de homens, e um realismo sadio nos leva a dizer que os homens têm as riquezas e as pobrezas de todo homem. Quando são colocadas juntas tantas criaturas, vem para fora tudo o que é bonito e tudo o que é feio. Não procuro desculpar nem defender a repartição. Que haja imperfeições, cálculos, maldades, carreirismo é inegável. Mas não é todo o Vaticano. Como em qualquer assembleia humana vêm para fora as misérias, que certamente afetam mais e são mais conhecidas porque estão ali.

O Vaticano de João Paulo II não era diferente do atual, com tanta gente generosa, séria, com o ideal de servir à Igreja, que diariamente dava o que tinha num grande trabalho pela pessoa do Papa e pelo seu ministério. Houve quem acusasse aquela Cúria de ser demasiado polonesa. É verdade que, no decorrer do seu pontificado, vieram diversos sacerdotes da Polônia, alguns inclusive para ocupar postos de responsabilidade. Não me escandaliza: o Papa precisa ter ao redor de si pessoas confiáveis, conhecidas antes, com a sua própria língua, história e cultura. Se tivessem sido todos e só poloneses, seria preocupante, mas isso nunca aconteceu; na Cúria havia gente de toda parte do mundo. Antes, a característica do Vaticano é exatamente a da sua universalidade. Sente-se pulsar a vida da Igreja, pelas diversas pessoas que são porta--vozes dela, e por aquela atmosfera particular. O Vaticano é um pequeno mundo, mas aí ressoa e aí se reflete o mundo inteiro: é a graça da catolicidade, à sombra de Pedro. Creio que o carisma petrino remonte exatamente aí, onde se sente a vida palpitar.

Depois, certamente, há tantos papéis, tantos ofícios, tantas coisas que às vezes em vez de fazer brilhar tudo isso podem se tornar uma barreira. Então, que venha a obra do Papa Francisco, que acha que se deve simplificar algumas coisas, polir outras. A Igreja, e por isso também o Vaticano, precisa sempre de reforma para se renovar continuamente na fidelidade a seu Senhor. Nunca se pode dizer que se chegou a um nível ótimo. Sempre haverá o que corrigir, purificar, renovar. Se, por um lado, o Vaticano apresenta esse aspecto muito humano e muito pobre, por outro lado também ali se refletem as glórias e as coisas belas de toda a Igreja, de um povo, quer dizer, que tenta seguir o seu Senhor.

Também se disse que João Paulo II descuidara um pouco da Cúria, ocupado que estava com suas viagens, com as relações diretas com as pessoas, com as grandes celebrações. Mas tinha bons colaboradores que faziam isso em sintonia com ele. Comprometeu-se a levar para o Vaticano pessoas de toda parte do mundo. Tendo herdado uma Cúria já internacionalizada por Paulo VI, nos anos do seu pontificado, a presença de não italianos aumentou de maneira exponencial. E essa preocupação de tornar presentes no interior da Cúria, no coração da cristandade, as vozes das diversas Igrejas locais me parece que contribuiu de modo significativo para dar a dimensão da universalidade.

17.
HUMANIDADE

Costumeiramente, as ordenações episcopais eram feitas pelo Papa no dia 6 de janeiro. Mas em 2004, a saúde não lho permitiu e, depois de algumas incertezas, no fim se decidiu que seria por demais cansativo. Por isso, fui ordenado bispo pelo Cardeal Sodano. Dois dias depois, participei de uma audiência com ele, com minha mãe e com alguns parentes e amigos. Estava sentado na poltrona, ajoelhei-me e ele disse logo: "Eu não lhe impus a mão na cabeça no outro dia, faço-o agora". Um sinal de afeto que conservo com grande gratidão.

Na visita a Susa, em 14 de julho de 1991, no final da missa eu lhe apresentei minha mãe e minha avó, de oitenta anos, e ele disse: "Jovem vovó!". E a partir de então frequentemente me pedia notícias delas. Um homem de grande humanidade e simpatia, também capaz de muita ironia.

Na Zâmbia, por exemplo, duas irmãs o receberam segundo o uso africano, uivando com a língua entre os dentes, produzindo um estranho sibilo. Ficou um pouco surpreso, depois lhes fez um sinal da cruz na testa. Na sacristia, comigo e Mons. Marini, se pôs a imitá-las, e depois, voltando-se para nós, disse: "Vocês não sabem fazer isso, então vou lhes ensinar".

No Malavi, estávamos no último dia da visita, num calor infernal. João Paulo II sofria muito com o calor. Na missa ao meio-dia, debaixo de um telhado de zinco ondulado, estava esgotado. No início, o bispo local fez a saudação, em inglês, partindo da fundação da diocese até os nossos dias. Tendo acabado, repetiu tudo na língua local. O Papa, suado e transtornado, perguntou a quem estava perto: "Quando vai acabar?". Graças a Deus terminou, e o bispo se aproximou para o abraço tradicional. E ele lhe disse: "Obrigado, obrigado, belo discurso. Longo discurso, longo discurso".

Outra vez, durante uma viagem, havia cem rapazes para serem crismados. Na sacristia tinham explicado a ele: "Santo Padre, há cem crismas, vinte o senhor faz, as outras oitenta farão os quatro bispos presentes, assim a celebração não se prolonga". Ele nos respondeu: "É para que a celebração não se prolongue ou porque o Papa está velhote?".

18.
FRAGILIDADE

Em 1991, dez anos depois do atentado de Ali Agca na Praça de São Pedro, João Paulo II celebrou o rosário com os bispos da Conferência Episcopal Italiana, reunidos em assembleia em Santa Maria Maior. E ali disse: "Reconheço que uma mão materna desviou o projétil". Era a sua interpretação do acontecimento, à luz da presença mariana. No 25º aniversário do atentado, em 2006, no ponto exato no qual o Papa foi atingido, substituímos o *san pietrino* por uma placa com o brasão do Papa e as palavras: "*13 maggio 1981*" [13/05/1981].

Foi dito que depois dos disparos de Agca tinham pedido a João Paulo II que usasse um colete à prova de bala. Ele até o teria usado algumas vezes, mas depois disse que aquilo não era para ele. Como já foi recordado, achava bonito gastar a própria vida até o fim pelo Evangelho. Se havia risco, seria enfrentado.

Tinha feito uma brincadeira sobre o Hospital Gemelli como "terceiro Vaticano", depois de São Pedro e Castelgandolfo: tinha se internado aí por dez vezes, devido a vários problemas de saúde. Tornar pública a sua fragilidade física significou humanizar a figura do Papa. Não acho que se possa dizer que o tenha feito de propósito, como fruto de um cálculo. Não. Ele simplesmente aceitou os seus limites e deixou que fosse visto, porque o Papa é um homem normal, como todos, que sofre, que tem problemas de saúde e, portanto, se cura.

19.
FIM

Lembro-me dos últimos dias. Houve duas internações hospitalares. Na sexta-feira, 1º de abril, um dia antes da sua morte, por volta de cinco horas da tarde, Pe. Estanislau me perguntou: "Queres ver o Papa?". Fomos ao apartamento. João Paulo II estava no leito, ao lado dele um enfermeiro que cuidava da máquina respiratória, após a traqueotomia. Estava consciente. Ajoelhei-me, beijei-lhe a mão e pedi a bênção. Ele não falava, naturalmente, mas os olhos estavam vivos e atentos.

Naquela sexta-feira à noite havia uma multidão na Praça de São Pedro, em expectativa. Decidimos organizar a oração, recitando o rosário. No dia seguinte, sábado, 2 de abril, correu a notícia de que o caso do Papa se agravara. A praça estava de novo apinhada de gente. Por volta das 21h, tínhamos rezado de novo o rosário, sob a direção de Mons. Comastri. Terminada a oração, falei ao microfone: "Continuemos a acompanhar em silêncio o sofrimento do Papa, nos encontraremos de novo à meia-noite para celebrar a *via crucis*. Vamos ficar em silêncio, mentalmente próximos de João Paulo II".

Enquanto subia os degraus do átrio de São Pedro, meu telefone tocou. Era o substituto Mons. Sandri, que me disse: "O Papa acaba de morrer. Entretenha o povo que desço para dar o anúncio". Voltei ao microfone e pedi que confiassem o Papa à Nossa Senhora, recitando de novo uma dezena do rosário. Exatamente no final, chegou Mons. Sandri e anunciou à praça e ao mundo: "Irmãos e irmãs, o Papa entrou na paz do Senhor". Estourou um aplauso muito significativo. Estava ali o Cardeal Szoka, norte-americano, um pouco surpreso, que perguntou: "Por que aplaudem?". Explicamos a ele que era uma expressão de afeto e de participação e saudação.

A organização do funeral foi um trabalho enorme, em sintonia com a Prefeitura de Roma e o Governo italiano. O prefeito de Roma era o chefe da delegação italiana; eu, da delegação vaticana. Foram feitas várias reuniões. Vimos a experiência extraordinária que foi tudo aquilo. Desde o momento em que o corpo foi levado para São Pedro, um mar de gente se dirigiu para lá, dia e noite. A basílica foi fechada por algumas horas, por volta das duas da madrugada, para permitir que os médicos cuidassem do corpo. Depois foi reaberta, e as pessoas por ali passaram ininterruptamente, até o último dia; foram calculadas quase três milhões de pessoas. Com tão belíssimos testemunhos: gente que viajou duas noites de trem e ficou doze horas na fila para vê-lo por trinta segundos. Testemunho impressionante.

Na noite de quinta-feira, 7 de abril, recepcionei, por volta das 22h, vindos diretamente do aeroporto, o presidente Bush e seu pai, o ex-presidente, Bill Clinton e a secretária de Estado, Condoleeza Rice. Eu os aguardei à Porta da Oração, acompanhando-os até chegar diante do corpo. Ajoelharam-se ao lado dele, no genuflexório apropriado. Eu pensava: aqui estão os grandes deste mundo, que vêm prestar homenagem a João Paulo II, o polonês Karol Wojtyla. Recordei também a zombeteira expressão de Stalin: "Quantas divisões o Papa tem?".

Entre outros, recepcionei também o arcebispo ortodoxo de Atenas, Christodoulos, que participou do funeral, também em sinal de reconciliação entre as duas Igrejas. Nesses dias, chegaram testemunhos de afeto e de respeito da parte de todos – crentes, não crentes, de outras religiões. Os xintoístas renderam homenagem ao corpo, depois me pediram para se aproximar e colocar sobre ele uma faixa de seda branca, que colocam sobre os defuntos particularmente honrados. E assim foi feito.

Assisti também à parte privada do funeral, com a deposição do caixão na tumba preparada nas Grutas Vaticanas.

20.
SANTO

É santo porque teve paixão por Deus e pelo homem. Como demonstra a capacidade de oração, de propensão mística, sendo capaz de entrar em diálogo com o Senhor em toda circunstância e em todo lugar. Foi um homem "tomado" pelo mistério de Deus, completamente fascinado desde a juventude, nunca conseguiu interpretar a vida fora dessa dimensão. Consequentemente, a paixão pelo homem, como escreveu já na primeira encíclica, a *Redemptor hominis*: "O homem é a *via* da Igreja", derivam daí todas as suas batalhas pela dignidade da pessoa humana, pela defesa da vida, pela liberdade religiosa: todos os aspectos centrais da existência humana se tornaram o coração do seu magistério.

Depois há a coerência. Ele vivia o que propunha, tornando isso crível. E este foi um dos aspectos que fascinou os jovens em todo o mundo. A coerência da sua vida cristã, do seu caminhar em seguimento do Senhor, é um dos motivos pelo qual é apresentado como modelo de fé: o santo é proposto pela Igreja não como pessoa perfeita, impecável, mas como pessoa que tentou seriamente seguir o Senhor e deu à sua vida as características necessárias a esse percurso. Depois vem a profundidade do ensinamento, a abertura ao mundo. Mas a santidade de João Paulo II deriva, antes de tudo, daquela dupla paixão e da coerência pessoal.

AS VINTE JORNADAS MUNDIAIS DA JUVENTUDE DE JOÃO PAULO II

1984

15 de abril – Roma, Praça de São Pedro, Domingo de Ramos: grande reunião de jovens por ocasião do Ano Santo da Redenção.

22 de abril – O Papa entrega a cruz aos jovens.

1985

31 de março – Roma, Praça de São Pedro, Domingo de Ramos: grande reunião de jovens para o Ano Internacional da Juventude.

31 de março – O Papa dedica uma carta apostólica aos jovens do mundo.

20 de dezembro – O Papa anuncia a instituição da Jornada Mundial da Juventude.

1986

I Jornada Mundial da Juventude. Tema: "Estejam sempre preparados para responder a quem quer que vos pedir a razão da esperança que há em vocês" (1Pd 3,15).

23 de março – Domingo de Ramos. Celebração nas dioceses. Cerca de 350 mil peregrinos de 60 países.

1987

II Jornada Mundial da Juventude. Tema: "Assim conhecemos o amor que Deus tem por nós e confiamos nesse amor" (1Jo 4,16).

11-12 de abril – Celebração internacional. Buenos Aires, Argentina. Um milhão de peregrinos.

1988

III Jornada Mundial da Juventude. Tema: "Fazei o que ele vos disser" (Jo 2,5).

27 de março – Celebrações nas dioceses. Domingo de Ramos.

1989

IV Jornada Mundial da Juventude. Tema: "Eu sou o Caminho, a Verdade e a Vida" (Jo 14,6).

15-20 de agosto – Celebração internacional. Santiago de Compostela, Espanha. Seiscentos mil peregrinos.

1990

V Jornada Mundial da Juventude. Tema: "Eu sou a videira e vós os ramos" (Jo 15,5).

8 de abril – Celebrações nas dioceses. Domingo de Ramos.

1991

VI Jornada Mundial da Juventude. Tema: "Vocês receberam um espírito de filhos" (Rm 8,15).

10-15 de agosto – Celebração internacional. Czestochowa, Polônia. Cerca de um milhão e seiscentos mil peregrinos.

1992

VII Jornada Mundial da Juventude. Tema: "Ide por todo o mundo e pregai o Evangelho" (Mc 16,15).

12 de abril – Celebração nas dioceses. Domingo de Ramos.

1993

VIII Jornada Mundial da Juventude. Tema: "Eu vim para que tenham vida e a tenham plenamente" (Jo 10,10).

10-15 de agosto – Celebração internacional. Denver, Estados Unidos. Número estimado de peregrinos entre 500 mil e um milhão.

1994

IX Jornada Mundial da Juventude. Tema: "Assim como o Pai me enviou, eu também vos envio" (Jo 20,21).

27 de março – Celebração nas dioceses. Domingo de Ramos.

1995

X Jornada Mundial da Juventude. Tema: "Assim como o Pai me enviou, eu também vos envio" (Jo 20,21).

10-15 de janeiro – Celebração internacional. Manila, Filipinas. Mais de quatro milhões de participantes.

1996

XI Jornada Mundial da Juventude. Tema: "Senhor, a quem iremos? Só tu tens palavras de vida eterna" (Jo 6,68).
31 de março – Celebração nas dioceses. Domingo de Ramos.

1997

XII Jornada Mundial da Juventude. Tema: "Mestre, onde moras? Vinde e vereis" (Jo 1,38-39).
19-24 de agosto – Celebração internacional. Paris, França. Cerca de um milhão de pessoas.

1998

XIII Jornada Mundial da Juventude. Tema: "O Espírito Santo vos ensinará tudo" (Jo 14,26).
5 de abril – Celebração nas dioceses. Domingo de Ramos.

1999

XIV Jornada Mundial da Juventude. Tema: "O Pai vos ama" (Jo 16,27).
28 de março – Celebração nas dioceses. Domingo de Ramos.

2000

XV Jornada Mundial da Juventude. Tema: "O Verbo se fez carne e habitou entre nós" (Jo 1,14).
15-20 de agosto – Celebração internacional. Roma. Mais de dois milhões de jovens.

2001

XVI Jornada Mundial da Juventude. Tema: "Se alguém quiser vir após mim, renuncie a si mesmo, tome a sua cruz cada dia e me siga" (Lc 9,23).
8 de abril – Celebração nas dioceses. Domingo de Ramos.

2002

XVII Jornada Mundial da Juventude. Tema: "Vós sois o sal da terra... Vós sois a luz do mundo" (Mt 5,13-14).
23-28 de julho – Celebração internacional. Toronto, Canadá. Cerca de oitocentos mil peregrinos.

2003

XVIII Jornada Mundial da Juventude. Tema: "Aí está a tua mãe" (Jo 19,27).
13 de abril – Celebração nas dioceses. Domingo de Ramos.

2004

XIX Jornada Mundial da Juventude. Tema: "Queremos ver Jesus" (Jo 12,21).
4 de abril – Celebração nas dioceses. Domingo de Ramos.

2005

XX Jornada Mundial da Juventude. Tema: "Viemos adorá--lo" (Mt 2,2).
16-21 de agosto – Celebração internacional. Colônia, Alemanha. Programada por João Paulo II. Presidida por Bento XVI.

Impresso na gráfica da
Pia Sociedade Filhas de São Paulo
Via Raposo Tavares, km 19,145
05577-300 - São Paulo, SP - Brasil - 2014

João Paulo II e Mons. Renato Boccardo. Aeroporto Torino Caselle, julho de 1991.

Susa, 14 de julho de 1991.

Sacra di San Michele, 14 de julho de 1991.

VIII Jornada Mundial da Juventude, Denver, 1993.

VIII Jornada Mundial da Juventude, Denver, 1993.

X Jornada Mundial da Juventude, Manila, janeiro de 1995.

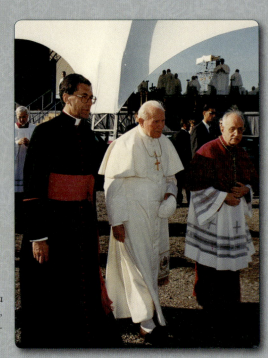

Peregrinação Europeia dos Jovens, Loreto, 7 de setembro de 1995.

XII Jornada Mundial da Juventude, Paris, 1997. Acolhida do Papa no Campo de Marte.

XII Jornada Mundial da Juventude, Paris, 1997.

XII Jornada Mundial da Juventude, Paris, 1997.

XII Jornada Mundial da Juventude, Paris, 1997.